KB069967

아무도 가지 않은 길에 부가 있었다

아무도 가지 않은 길에 부가 있었다

정민우(달천) 지음

흔들리는 투자자를 위한
부자의 독설 41

다산북스

부동산의 숨은 고수를
먼저 알아본 이들의 찬사

정민우 대표와는 유튜브 채널 '스튜TV'의 출연자로 처음 만났습니다. 그가 '저자'로 출연했기에 그에 대한 인상을 책으로 기억하는 나에게 이번 책은 큰 울림이었습니다. 정민우 대표에게는 철학이 있습니다. 그 철학을 바탕으로 한 명확한 방향성이 있습니다. 투자와 돈에 대한 그의 생각을 오롯이 담은 이 책에는 그가 이전에 출간했던 것이나 일반적인 부동산 투자서와 차별화되는 깊이가 있습니다.

부동산 투자에 늘 성공할 수는 없습니다. 하지만 지금의 실패가 다음의 성공을 위한 투자라는 생각을 알려준 정민우 대표에게 감사의 마음을 전합니다. 투자도 잘하고 싶고, 그로 인해 부자가 되고 싶은 분들에게 이 책은 좋은 교과서가 될 것입니다.

— 김학렬(빠숑), 스마트튜브 대표, 《서울 부동산 절대원칙》 저자

정민우 대표를 처음 만난 건 6년 전 한 모임에서였습니다. 준수한 용모에 믿음직스러운 말투 그리고 무수한 현장 경험에서 우러나온 경매 투자에 관한 생각들을 듣고 놀랐던 기억이 지금도 생생합니다. 그 정도 경험이라면 제법 나이가 많은 사람들이나 할 수 있지 않을까, 하는 편견을 뒤집은 친구였습니다. 이후로 형제처럼 지내왔지만 그를 통해 많은 것을 느끼고 배웠습니다.

그는 불가능한 일을 가능하게 만드는 사람입니다. 수많은 현장을 발로 뛰며 다져온 성공 뒤에는 뜨거운 열정과 인간애가 숨겨져 있습니다. 제가 본 그는 한 번도 멈춰 있던 적이 없습니다. 많은 강의를 하고 사람들을 만나면서 자신이 가지고 있는 지식, 지혜 그리고 확신을 전파했습니다. 이를 통해 스스로 성장하고, 여러 실력자를 배출해왔습니다.

이 책은 그러한 소통의 과정에서 만들어졌습니다. 그래서 그가 쓴 책 중에서도 확실히 달랐습니다. 부동산 투자를 한 번 하더라도 절대 실패하지 않는 방법을 이야기합니다. 장담하건대 최고의 부동산 투자서가 될 것입니다. 부자는 부자를 알아보고 배우는 사람만이 될 수 있습니다. 이 책을 통해 그의 노하우와 경험을 얻고 부자의 길로 나아가길 바랍니다.

—김종민(독일병정 인테리어), 《똑똑한 부동산 인테리어》 저자

1000명이 넘는 부자들을 만나며 성공은 손에 잡히지 않는 신기루가 아닌, 몇 가지 조건값으로 이루어진다는 것을 깨달았습니다. 핵심은 내가 성공하고자 하는 분야에 필요한 조건값을 찾고, 그것을 잘하기 위해 끊임없이 실천하는 것입니다. 그런 점에서 정민우 대표가 12년 동안 현장을 지키며 꾸준히 거래해 온 습관, 투자를 넘어 중개업과 대부업까지 사업을 확장한 것, 이 모든 것이 부동산 투자를 잘하기 위한 조건값이었습니다.

부동산 경매를 잘하기 위해 모든 방법을 찾고 이를 실행으로 옮긴 정민우 대표처럼, 이 책을 통해 여러분의 분야에서 성공하기 위한 조건값이 무엇인지 그 힌트를 얻을 수 있을 것입니다. 아무도 가지 않은 길을 걸었던 그가 부를 얻은 것과 같이 아무도 찾지 않은 '조건값'에 부는 숨겨져 있습니다.

― 김도윤(김작가), 유튜브 채널 '김작가TV' 운영자, 《럭키》 저자

당신은 얼마나 절실한가요?

부동산 시장은 부침이 많은 곳입니다. 시장 분위기가 좋을 때는 너도나도 전업 투자자가 되겠다고 나서지만, 하락장이 되어 현금흐름이 막히면 대부분 직장으로 복귀합니다. 지난 2007년 금융위기 시절부터 투자하며 수많은 분을 만났지만, 10년 이상을 전업 투자자로

버틴 고수를 만난 적은 손에 꼽습니다. 그중 한 분이 바로 정민우 대표입니다.

그를 생각하면 떠오르는 단어는 절실함입니다. 지금은 절실함이 많이 사라졌다고 웃으면서 말하지만 그의 눈빛을 보면 여전히 각오가 느껴집니다. 모든 투자자는 자신은 절실하다고 말하지만 행동을 보면 그렇지 않은 사람이 많습니다. 절실하다면서 어렵게 마련한 종잣돈을 타인에게 쉽게 내주고는 '알아서 해주겠지'라고 생각하며 순한 양처럼 기다리는 투자자도 많습니다.

정민우 대표가 말하는 절실함은 다릅니다. 돈의 크기에 관계없이, 투자한 돈이 생애 마지막 종잣돈인 것처럼 '여기서 무너지면 삶을 버틸 방법이 없다'는 각오로 집요하게 파고듭니다. 그 과정에서 때로는 위협을 당하면서도 두려움에 맞섭니다. 그렇게 자신의 돈에 책임을 지면서 10년 이상 부동산 시장에서 살아남은 이입니다. 그 다양한 여정을 실은 이 책은 그의 내공을 잘 보여줍니다.

'돈 복사'라는 말이 유행처럼 번지며 돈과 투자를 가볍게 여기는 요즘, 이 책을 통해 스스로 내 돈에 절실하게 책임져 왔는지를 되돌아보는 계기가 되길 바랍니다. 부의 길은 거기서부터 시작될 것입니다.

—대치동키즈, 《부동산 하락장에서 살아남기》《내 집 없는 부자는 없다》 저자

정민우 대표님의 과거 책들은 정말 뛰어나고 명저로 유명하지만 투자 자체에 두려움을 느끼는 독자들이 선뜻 집기에는 힘들었던 게 사실입니다. 하지만 이번 책은 부동산 투자에 관해 일절 모르더라도 여러 스토리를 통해 즐겁게 투자의 세계를 엿볼 수 있게 쓰였습니다.

그가 부를 이루어온 처절한 과정을 알고 있는 사람으로서, 그에 대한 평가가 얼마나 좋은지 아는 사람으로서 많은 사람에게 이 책을 선물하고 싶습니다.

—자청, 이상한마케팅 대표,《역행자》저자

갑자기 금리가 폭등해 모두가 부동산 투자를 꺼리고 있을 때도 결코 투자를 멈추지 않았던 정민우 대표에게 물었습니다. "이제 머리 아프고 힘든 투자는 쉬엄쉬엄하고 편하게 지낼 수 있지 않나요?" 그러자 그는 "실전 투자 경험을 전하려면 저도 실전 투자를 계속하고 있어야죠"라고 답했습니다. 이 대답만으로도 그가 사람들에게 듣기 좋은 말만 하며 실제 투자 경험은 별로 없는 자칭 부동산 투자 고수와는 다른 진짜 부동산 투자 고수임을 알 수 있습니다. 아무도 가지 않은 길을 외롭고 힘들게 갔던 그가 이제는 이 책을 통해 다른 사람들이 가고자 하는 길에 든든한 등대가 되어줄 수 있을 거라 확신합니다.

—박성현,《나는 주식 대신 달러를 산다》저자

정민우 대표는 지식사업센터·다가구주택·주유소·모텔 등의 수익형 부동산은 물론, 경매·갭투자·입주권·분양권 등 분야를 막론해 투자하고, NPL·대부업·시행까지 다양한 영역에서 아무도 가지 않은 길을 개척하는 미친 실행력을 보여주며 놀라운 성과를 거두어왔습니다. 대한민국에서 그만큼 부동산 투자 경험이 압도적으로 다양하고 탁월한 투자자가 있는지 의문스러울 정도입니다.

이 책은 그의 도전과 성공 신화를 담고 있으며, 놀라운 경험과 노하우를 엿볼 수 있습니다. 부동산 투자에 관심이 있는 분들에게는 꼭 필요한 도서로서, 특히 미래에 대한 두려움과 불확실성을 극복하고자 하는 분들에게 도움이 될 것이라 기대합니다.

—김도형(숙주나물), 《부동산 투자 필승 공식》 저자

삶의 밑바닥에서 실제로 우리를 구해주는 것은 '지식'이 아니라 '그것을 실천으로 옮기는 것'입니다. 이 작은 차이가 엄청난 부의 차이를 만듭니다. 로버트 프로스트의 〈가지 않은 길〉의 진짜 가치도 갈림길 앞에서 '선택'하는 데 있습니다. 저자는 좋은 선택을 오래 반복해야 차별점을 만들 수 있음을 수많은 경험으로 체득했습니다. 이 책은 제 인생의 방향을 기어이 틀어놓았고, 전환점을 찾아주었습니다.

—이리엘, 유튜브 채널 '이상한 리뷰의 앨리스' 운영자, 《울트라셀프》 저자

제가 분기마다 만나 투자 이야기를 하는 유일한 분이 바로 정민우 대표입니다. 대한민국에서 가장 다양한 방법으로 부동산을 매입하는 전문 투자자이고, 사고방식이 열려 있어 만날 때마다 투자와 부동산 이야기로 시간 가는 줄 모릅니다. 저 또한 아무것도 가진 게 없었지만 '부동산'이라는 희망이 생긴 후 절실함 하나로 미래를 바꾼 경험이 있기에 공감하는 부분이 많기 때문입니다. 그래서 이분을 만나고 나면 나도 더 성공하고 발전해야겠다는 긍정적인 마음이 커집니다.

이제 독자들과 이 경험을 공유할 수 있어 기쁩니다. 이 책에는 그의 과거는 물론 어떤 생각으로 투자에 임하는지, 소주 한잔을 걸치며 진지하게 나누던 이야기들이 고스란히 담겨 있습니다. 이 책을 읽고 저와 같이 그의 이야기에 빠져 용기와 긍정적인 힘을 얻길 바랍니다. 이 책이 부자로 향하는 길에 동반자가 되리라 믿습니다.

　　　　　　　　　　—최경천(책파시), 《나는 대출 없이 0원으로 소형 아파트를 산다》 저자

정민우 대표는 저의 첫 경매 선생님이었습니다. 복잡한 경매 지식을 깔끔하고 간결하면서도 이해하기 쉽게 전달하는 그의 강의에 감동했습니다. 이 책을 읽으면서 그때와 같은 느낌을 받았습니다. 그의 글에는 독자에 대한 깊은 배려심과 강한 책임감, 다양한 투자 경험과 냉철한 분석력, 확실한 문제 해결 능력을 갖춘 투자 철학이 돋보입니다.

이 책의 매력 포인트는 경기변동이 심한 자본주의 사회를 살아가는 데 필요한 지혜로운 투자 마인드란 어떤 것인지를 이해하기 쉽게 풀어낸 점입니다. 부자가 되는 방법에 대한 그만의 혜안이 담긴 촌철살인의 금언이 가득합니다. 자본주의 사회에서 멋지게 성공하고 진정한 경제적 자유를 원하는 사람이라면 이 책은 필수품입니다.

—김인화(별부자), 세무법인 백현 대표세무사

정민우 대표는 '소외된 물건에서 옥석을 가려 싸게 사는 방법'에 탁월한 재능과 안목을 가지고 있습니다. 투자 경험을 들으며 '어떻게 거기에 투자할 생각을 하지? 나라면 못 할 것 같은데…' 하고 놀랐던 적이 많았습니다.

이번 부동산 시장의 상승과 하락을 겪으며 부동산을 통해 부를 만들어 나가고 싶은 분들이 부쩍 많아졌습니다. 정민우 대표 또한 우연한 기회에 부동산 투자를 시작했고 시장의 사이클을 겪으며 살아남아 지금의 자산 규모를 이루었습니다. 남과 다른 시선으로 부동산을 바라보며 부를 늘려가고 싶은 분들, 평범했던 어제와 다른 삶을 만들고 싶은 분들에게 일독을 권합니다.

—김종후, 유튜브 채널 '후랭이TV' 운영자

5년 전 정민우 대표의 수강생이었던 저는 그동안 수십 채의 부동산에 투자했고 이제 경제적 자유에 조금씩 가까워지고 있습니다. 이 책을 먼저 접했다면 이미 목적지에 도착하지 않았을까, 하는 아쉬움이 듭니다. 아무도 가지 않는 길을 홀로 외롭게 헤쳐가며 부를 찾아가는 방법을 알려주는 이 책을, 사랑하는 분께 꼭 선물하고 싶습니다.

—이종인(자유몽), 네이버 블로그 '인생과 투자 공부방' 운영자

'3년 전에 저 부동산을 샀다면 지금쯤 부자가 되었을 텐데.'

이런 후회를 한 적 있습니까? 고백하자면 지금 저의 솔직한 심정입니다. 3년 전 정민우 대표의 수강생이었을 때 저는 결국 투자를 행동으로 옮기지 못했습니다. 그때 제가 알아만 봤던 물건은 지금 매우 높은 수익률을 보여주고 있습니다.

이 책은 제가 지금부터 다시 3년 뒤에 똑같은 후회를 하지 않기 위해 꼭 필요한 책입니다. 이 책을 통해 고수의 투자 마인드를 배우십시오. 그리고 도전하십시오. 적어도 부동산 분야에서는, 노력과 발품은 우리를 배신하지 않습니다. 끊임없이 투자하십시오. 그러면 저처럼 후회하지 않을 겁니다.

—이상민, 치과의사

정민우 대표는 모두가 뜯어말리던 제주도 분양형 호텔에 투자할 정도로 부린이였던 저에게 진짜 제대로 하는 부동산 투자가 어떤 것인지를 가르쳐준 선생님입니다. 이 책을 통해 유행이 아닌 기본에 충실한 투자, 부자의 시선으로 실행하는 투자 노하우를 많은 사람이 얻어가면 좋겠습니다. 오늘도 사람들의 경제적 자유를 위해 부단히 애쓰고 있는 그에게 감사를 전합니다.

—김재영(행복부자 샤이니), EBS 영어강사, 《나의 하루는 오늘도 빛난다》 저자

공부에 왕도가 없듯 쉽게 성공하는 방법은 존재하지 않습니다. 어느 분야든 절실함과 꾸준함으로 무장하여 미치지 않고서는 만족할 만한 성공을 이루기 어렵습니다. 이 책은 정민우 대표가 경매 투자 전문가로 우뚝 설 수 있었던 과정을 여러 에피소드로 풀어내며 성공의 진리를 알려줍니다. 부동산에 관심이 없는 분들에게도 일독을 권하고 싶은 성공 지침서입니다.

—전성제, 법무법인 한양 변호사

미치고 보니
부자가 되었다

저는 부동산에 미쳐 있었습니다.

꿈도 희망도 없었던 청년이 부동산 부자라는 꿈이 생긴 이후 끼니도 거른 채 전국을 돌아다녀도 힘든 줄 몰랐습니다. 미쳐야 미친다고 놀라운 일이 일어났습니다. 저만의 투자 기준이 생기기 시작했고, 어떤 시장에서도 흔들리지 않는 원칙을 세웠습니다.

그로부터 12년이 지난 현재 저는 '대한민국에서 가장 다양한 방법으로 부동산을 매입하는 투자자'로 인정받게 되었습니다. 유명한 투자 전문가도 새로운 매입 방법을 배우러 저를 찾아옵니다. 지금은 부동산 컨설팅, 강의, 금융과 투자를 함께하는 투자법인과 자산관리회사도 운영하고 있습니다. 투자자이자 사업가이면서 투자법을 가르치는 강사로서 누구보다 매일을 의미 있게 살고 있습니다.

저는 특별한 재주라든가, 배경이라든가, 학력·재력·인맥 뭐 하나 가진 게 없었습니다. 가난한 형편이야 태어날 때부터 그랬으니 말할 것이 없고, 지방대학을 졸업하고 고만고만한 직장에서 7년을 일했습니다. 학교 다닐 때는 상을 타거나 흔한 칭찬도 받아본 적 없습니다. 그야말로 도전이나 성공과는 동떨어진 사람이었습니다.

제 처지에 대해 처음으로 곰곰이 생각해 본 것은 직장 생활 4년 차쯤이었습니다. 저보다 늦게 입사한 직원의 직급과 연봉이 저보다 높아지는 걸 보고 화가 났습니다. 오랫동안 급여명세서를 들여다본 후에야 이대로는 희망이 없음을 깨달았습니다. 남자 나이 서른에 비로소 자신을 객관적으로 인식한 것입니다. 아마 그때 연봉을 5%만 올려줬어도 그 직장에 계속 다녔을 것 같습니다. 그런데 나이도 찼는데 할 줄 아는 것도 잘하는 것도 모아놓은 돈도 없으니 코너로 몰린 기분이었습니다.

'나는 왜 이 모양이지? 언제쯤 이 지긋지긋한 돈 걱정에

서 벗어날 수 있을까? 대체 무슨 수로?'

그때 제가 서 있는 곳이 그야말로 바닥임을 깨달았습니다. 뭐라도 해야 할 것 같은 절박감이 일었습니다.

그런 절박한 마음도 저를 하루아침에 변화시키진 못했습니다. 제가 달라진 건 2007년 우연한 계기로 부동산 투자에 발을 들인 이후였습니다. 몇 달 만에 2000만 원이 4000만 원이 되는 마법을 경험하고 나니 저를 이 밑바닥에서 끌어올려줄 단 하나의 희망은 부동산뿐임을 깨달았습니다. 신세계를 겪고 나니 세상이 다르게 보였습니다.

부동산은 원래 고가의 상품이라 저처럼 아무것도 없는 사람은 살 수 없는 것인 줄로만 알았습니다. 그런데 경매라는 것을 알고 난 뒤에는 희망이 생겼고, 돈이 없으니 부동산을 싸게 살 방법만 내내 고민하고 실행했습니다. 열심히 손품을 팔고 현장으로 가 발품을 팔고 분석하고 매입하기를 반복했습니다. 어떤 때는 일주일 내내 눈여겨보던 부동산만 생각했습니다.

경매 투자에 대한 확신이 커질수록 낙찰 건수가 늘어갔습니다. 그에 따라 수익도 올라갔습니다. 소심한 성격이라 인맥을 따로 만들지 않는데도 부동산과 관련된 사람들이

제 주위에 모여들기 시작했습니다. 그렇게 조금씩 투자 지역도 넓어져 전국을 누비고 다녔습니다. 임장을 가거나 지방법원에 입찰하기 위해 참 부지런히 돌아다녔습니다.

부동산 분야에서는 부자라고 이름이 났다가도 2~3년 사이에 사라지는 사람이 꽤 많습니다. 상승기에는 운이 좋으면 성공하는 사람들이 더러 있습니다. 그러나 그 운을 오랫동안 유지하려면 플러스알파가 필요합니다.

저는 2012년 경매 투자에 뛰어들어서 부동산 불황기를 거치고 살아남았습니다. 그리고 12년 동안 매달 한 건 이상의 거래를 하거나 매입을 도와주는 일을 꾸준히 해오고 있습니다. 그 비결이 궁금하십니까? 사실 단순합니다. 내게 의미 있는 일을 찾고 그와 관련된 일을 계속 벌이면 됩니다. 행동할 수밖에 없는 환경을 만드는 겁니다. 늘 사람을 만나고 현장을 다닙니다. 평범한 직장인이었던 제가 10여 년간 투자와 사업을 이어올 수 있었던 이유입니다.

저는 현장에서 부딪쳐가며 투자를 배웠습니다. 적어도 투자는 이론보다 실전이 중요하다고 생각합니다. 방법만 익히고 나면 바로 실행하면서 배우는 게 가장 빠르고 결과도 좋습니다. 투자는 특별히 좋은 머리로 고도의 분석을 해야 하거나 방대한 지식이 필요한 분야가 아닙니다. 그저 덧셈과 뺄셈 정도만 할 줄 알면 되고, 닥치는 대로 경험하겠다는 열린 자세만 갖추면 됩니다.

주변에 보면 작은 문턱을 넘지 못해서 현실을 바꾸지 못하는 사람이 많습니다. 배우고 나서도 시작하지 못하는 사람, 배우기조차 거부하면서 돈 걱정만 하는 사람, 내가 무슨 투자냐 하며 부정적으로 생각하는 사람, 그저 하루하루 살아가기도 바쁜 사람 등 이런 모습들은 다 제 과거의 모습이었습니다.

그렇기에 실행을 늦추려는 마음을 누구보다도 잘 압니다. 그럼에도 저는 이 책에서 실행하면 부자가 될 수 있다고 말합니다. 제가 돈을 어떻게 벌었는지 그 사연과 저의 지인이나 제 수업을 듣는 수강생들의 경험을 듣다 보면 누구나 실행하는 부자의 길을 걸을 수 있으리라고 확신합니다.

저의 청년기는 불우했습니다. 아버지는 제가 이십 대 중반일 때 암으로 돌아가셨고 그 후 어머니, 남동생과 작은 빌라에 살았습니다. 서른 살까지만 해도 1500만 원짜리 작고 낡은 전셋집에서 살았습니다. 그래서 더욱 부동산 하나에 모든 걸 걸어야 했습니다.

십여 년 전 청년 루저가 어떻게 바닥에서 올라왔는지 궁금하십니까?

현장에서 바로 실행하고 경험하는 마인드셋을 배우고 싶습니까?

실제로 부자가 되는 스킬을 엿보고 싶습니까?

이제 생각은 그만하고 행동으로 옮기고 싶습니까?

이제부터 이 모든 이야기를 들려드리려고 합니다. 제 경험과 원칙, 기술 그리고 가장 중요한 부자의 마인드를 '레버리지'하십시오.

투자법을 이야기해주는 책은 많습니다. 하지만 저의 다양한 투자 경험들은 어디서도 듣기 힘든 이야기들일 거라 자신합니다. 그런 경험들이 저의 사고를 확장시켰고, 지금까지 투자자로서 살아남을 수 있었던 힘이 되었습니다.

이 책이 여러분의 마음에 투자를 하고 싶다는 열망을 조금이라도 일으킬 수 있다면 더없이 기쁘겠습니다. 이제 더 이상 결심만 하지 말고 부자가 되는 길을 함께 걸어갑시다.

정민우(달천)

추천의 말 부동산의 숨은 고수를 먼저 알아본 이들의 찬사   4

들어가는 말 미치고 보니 부자가 되었다   14

1장 | **부자의 시선으로 하루만 살 수 있다면**

너무나 도망치고 싶어서 부자가 되기로 했다   27

돈맛을 보고도 망설였던 이유   37

투자를 시작하기 좋은 때란 없다   43

지금 투자해야 하는 단 한 가지 이유를 찾아라   50

뛰어날 수 없다면 다르게 하라   56

부의 티핑포인트는 반드시 온다   62

2장 | 돈을 버려야 부의 길이 보인다

돈이 따라오는 사람은 무엇이 다른가   73

한 우물만 파는 부자는 없다   78

현금자산 3억의 대기업 부장과 부동산 6채의 30대 부부   86

투자를 방해하는 것들로부터 나를 지키는 법   92

빨리 시작하고 빨리 실패하라   99

3장 | 부는 안전지대 바깥에 있다

소수가 가는 길을 따라야 내 몫이 커진다   109

부의 기회는 한 번만 오지 않는다   119

대박 욕심에 망설일 때 누군가는 진짜 돈을 번다   122

대출이 많다고 100억 부자를 걱정할 텐가   125

왜 부자는 신용관리에 깐깐한가   133

종잣돈은 투자를 미루는 핑계가 될 수 없다   138

돈이 들어가야 진짜 공부가 시작된다   144

4장 | **이겨놓고 시작하는 게임을 하라**

12년간 투자하면서 손해 본 적 없는 이유　　　155

완벽한 부동산은 없다　　　160

심리적 저항을 깨고 기회를 잡아라　　　166

이해관계를 읽으면 제2의 투자법이 보인다　　　173

아는 게 있어야 기회도 알아본다　　　183

5장 | **부자가 안 되는 게 오히려 이상한 프로세스**

부동산 투자에도 순서가 있다　　　193

내 집이 아닌 첫 집을 사라　　　199

무조건 싸게 사라　　　208

정말 소액으로 부동산에 투자할 수 있을까?　　　215

싸게 나온 물건엔 이유가 있다　　　223

싸고 좋은 부동산을 빠르게 낚아채는 법　　　229

수익형 부동산으로 현금흐름을 만들어라　　　237

입지가 아닌 수익률을 따져야 할 때　　　243

왜 초보는 상가에 투자하면 안 될까?　　　247

모두가 망설이는 곳에 부의 기회가 있다　　　255

내가 원할 때 엑시트를 할 수 있어야 한다　　　265

6장 | **어려울 땐 기본에 목숨을 걸어라**

상승기와 하락기를 예측할 수 있는가   277

부동산 침체기에도 돈은 줄어들지 않는다   287

어떤 시장에서도 웃을 수 있는 투자자가 되는 법   293

멘탈은 고정소득에서 나온다   298

수익형 부동산, 아직 투자 기회는 있다   301

부동산 투자를 하면 채권 투자도 보인다   306

고금리 시대의 포트폴리오를 준비하라   310

나가는 말 가슴이 뛰는 길의 끝에 반드시 부가 있다   315

1장

부자의 시선으로
하루만 살 수 있다면

이번 장은 '나'에 대해서 알아보는 장입니다. 제가 어떻게 가난하고 지질한 직장인에서 부동산 투자자이자 사업가로 성장했는지를 말씀드릴 텐데요. 여러분도 왜 '부자'가 되고 싶은지를 되새기는 시간이 되길 바랍니다.

너무나 도망치고 싶어서
부자가 되기로 했다

절실함으로 부의 길을 찾다

저는 12년간 부동산을 업으로 삼고 있는 투자자입니다. 전업 투자자가 된 이후 이걸로 수익을 내지 못하면 굶어 죽는다는 마음가짐으로 지금껏 살아왔습니다. 돈이 부족해서, 인맥이 없어서, 경기가 안 좋아서, 시간이 없어서 등 투자를 망설이게 하는 무수한 장애물을 해결하고 자산을 불리는 데 집중해 왔습니다. 그만큼 부를 얻는 데 절실했습니다. 그 절실함 덕에 운도 따라주었습니다. 흔한 말이지만 뜻이 있다면 반드시 길이 있습니다.

어차피 전 바닥에서 시작했기에 다 잃어도 다시 시작하면 됩니다. 그러니 오늘도 초심을 잃지 않고 펄떡거리는 삶을 살아가겠다고 다짐합니다.

무조건 이걸로 돈을 벌고 말겠다는 절실함과 어떻게든 길이 생길 거라는 긍정성이 저의 무기였습니다. 즉 부자가 되는 데 대단한 재능이나 특별한 조건은 필요하지 않습니다. 좋게 말하면 마인드만 바꾸면 누구나 부자가 될 수 있다는 뜻이지만, 한편으론 그만큼의 절실함과 긍정성을 갖기란 쉽지 않다는 의미이기도 합니다.

가난한 생각도
습관이 될 수 있다

돌이켜 보면 서른 살 전까지의 제 삶은 확실히 평균 이하였습니다. 뭘 해도 되는 일이 없는, 꿈도 희망도 없는 부끄러운 사람이었습니다.

아버지는 제가 스물일곱 살 때 환갑도 맞지 못하고 암으로 돌아가셨습니다. 췌장부터 온몸으로 퍼져가는 암세포와 하루하루 사투를 벌이며 뼈만 앙상하게 남은 모습을 지켜보면서 저는 아무것도 할 수 없었습니다. 잠시 동안은 열심히 살아야겠다는 다짐도 했지만 현실에선 무력했고, 아버지가 돌아가시고 난 후에는 다 허무하게 느껴졌습니다.

남은 것은 어머니와 남동생 그리고 저였습니다. 우리는 물질을 떠나 마음도 가난했습니다. 어머니는 쉽게 돈을 벌고 싶어 하다가 주변 사람의 말에 휘둘려 낭패를 보는 일이 잦았습니다. 분식집을 해보겠다고 차려놓고는 몇 달 버티지 못하고 창업비용만 날리거나, 다단계 회사에 가입하는가 하면, 어렵게 모은 돈을 빌려주고 떼이기도 했습니다.

한번은 제가 다단계 업체의 피해 사례들을 출력해서 보여주면서 어머니를 말리기도 했지만 손사래 치며 믿지 않았습니다. 그 와중에 돈이 떨어져 이모와 외삼촌에게 돈을 빌려달라고 애원하기도 했죠. 당시 저는 맹목적인 믿음이 얼마나 무서운지 깨달았습니다. 나중에는 원수에게나 권한다는 지역주택조합까지 가입해 기약 없는 희망을 끌어안고 살다가 결국 저희 집은 반지하까지 내려갔습니다.

당시 우리 가족은 마음이 병들어 있었다고 생각합니다. 단순히 돈이 없는 게 문제가 아니었습니다. 뭘 해도 안 될 거라는 생각, 도전하기도 전에 포기하려는 마음이 가난했던 것이지요. 그리고 이런 마음은 가족의 영향을 많이 받는 젊은 나이에는 물리적으로나 정신적으로 독립하지 못하면 전염되기 쉽습니다. 환경의 힘이 얼마나 강력하고 무서운지 다들 알고 있겠지요.

이렇게 살다가는 평생 극빈층으로 허우적거리며 살 것만 같았습니다. 대학을 졸업하고 저는 어머니와 동생에게 함께 살지 않겠다며 독립을 선언했습니다. 돌이켜보면 이때가 제 인생의 첫 변곡점이자, 가장 잘한 선택 중 하나라고 생각합니다. 성인이 되어 스스로 환경을 바꾸고자 실행했던 첫 번째 사건이었으니까요.

호기롭게 독립을 외치고 뛰쳐나왔지만, 특별한 기술이 없는 가난한 청년은 자유를 누릴 새도 없이 하루하루 생업을 잇기에 바빴습니다. 돈을 벌기 위해서라면 닥치는 대로 일을 했습니다. 갈빗집, 술집, 뷔페식당 등에서 일했고, 운전기사도 해보고 일당 잡부도 했습니다. 새시를 달고 화장실 타일도 깔았죠. 그렇게 번 돈으로 쉬는 날엔 빈속에 소주를 잔뜩 마시고 곯아떨어지기 일쑤였습니다. 독립은 했지만 내일이 보이지 않았기 때문입니다. 그저 오늘을 버티기도 힘들었기 때문에 될 대로 되라는 식으로 살았습니다.

끼리끼리 만나는 것은 과학인지 그때의 친구들도 형편이 고만고만했습니다. 주말 내내 PC방에서 밤새 게임을 하거나 술 마시며 신세를 한탄하고 남는 시간에는 당구장에서 먹고 자며 삶을 허비했습니다.

돌아가고 싶지 않은 과거가
내 성공의 원동력이다

그래도 반지하에서 자취 생활을 하면서 모은 500만 원에 전세자금대출 1000만 원을 받아 제 생애 처음으로 전셋집을 구했습니다. 양천구 신월동에 있는 구옥 빌라였습니다. 주인 할머니에게 전 재산 1500만 원의 거금을 건네고는, 이 돈이 어찌 될까 두려워 주민센터(당시 동사무소)로 달려가 확정일자부터 받았습니다. 그리고 나서야 매달 월세 낼 걱정이 없어졌다며 기뻐할 수 있었습니다.

1500만 원이 저한테야 거금이었지만 2003년 당시에도 반지하 전셋집밖에 구할 수 없을 정도였습니다. 싼 만큼 치

명적인 단점들도 있었죠. 방이 2개라서 계약했는데, 하나는 외풍이 심해 창고로밖에 쓸 수 없었습니다. 가장 큰 문제는 현관문 밖에 있는 화장실이었습니다. 화장실 유리문 밖에는 철문이 하나 더 있었지만 담은 낮고 보안장치가 허술해 마음만 먹으면 누구라도 넘어올 수 있을 정도였습니다. 그렇다고 정말 공용 화장실처럼 사용되고 있을 줄은 꿈에도 몰랐습니다. 퇴근 후 내가 사용하지 않은 흔적들이 남겨져 있는 것을 보고서야 깨달았죠.

게다가 온수 시설이 없고 한기도 막아주지 못해, 한겨울에는 변기에 앉을 수 없을 정도로 얼어붙었고, 세수를 할 때마다 물에 낀 살얼음을 깨야 했습니다. 출근은 해야 하니 덜덜 떨면서 세수하고 나면 피부가 벌게졌습니다. 머리를 감을 땐 물이 너무 차가워 샴푸 거품도 제대로 일어나지 않았고, 아무 생각이 들지 않을 만큼 머리가 띵했습니다.

저를 더 힘들게 한 건 바로 공과금 처리였습니다. 오래된 다가구주택이라 전기, 수도 등의 공과금이 가구별로 분리되어 고지되지 않았습니다. 그래서 임차인 중에 제일 어리다는 이유로 제가 1층 다섯 가구에게서 돈을 걷어 납부하는 담당이 되었습니다.

그런데 약속한 날에 공과금을 받으러 가면 집에 사람이 없어 몇 번이나 찾아가야 돈을 받는다거나 아예 달을 넘겨 연체하는 사람들이 늘 있었습니다. 그럴 땐 어쩔 수 없이 제가 대신 내야 했습니다. 대부분 돈이 생기면 나중에라도 주었지만, 몇 달 치 관리비와 공과금을 미뤄두고는 이사를 가버리기도 했습니다.

그때의 몇만 원은 제게 큰돈이었습니다. 연체하는 가구가 늘고 매달 예상을 벗어난 지출이 쌓이자 더는 감당할 수 없었습니다. 결국 전기요금을 내지 못하는 상황이 되었습니다. 어느 정도는 자포자기한 심정이었습니다. 한두 차례 독촉장이 날아오더니 두 달이 넘어간 어느 날 급기야 전기가 끊겼습니다.

퇴근하고 돌아오니 등이 켜지지 않았습니다. 집 안을 뒤져 촛불을 찾아서 켰을 땐 바닥에 흥건한 물로 양말이 다 젖은 후였습니다. 전력이 차단된 냉장고에서 흘러나온 물이었습니다. 냉장고에 있던 것들은 모두 꺼내서 버려야 했고, 혹시나 바닥에 곰팡이가 슬까 걱정돼 촛불에 의지하며 바닥을 닦고 또 닦았습니다. 며칠 후 집주인이 밀린 전기요금을 납부하고서야 전기가 들어왔습니다.

옆방에서 10년 넘게 혼자 살고 계시던 할아버지가 돌아가셨을 땐 찾아오는 사람도 없이 쓸쓸히 구급차에 실려 혼자 가셨습니다. 그 모습을 보고 저의 미래를 보는 것 같았습니다. 이런 환경을 받아들일 수밖에 없다고 체념했습니다.

그러고 나니 아무리 약을 쳐도 없어지지 않는 바퀴벌레나 인접한 김포공항에서 나는 잦은 비행기 소음에도 적응이 되었습니다. 이 모든 일이 처음 몇 달간 힘들었지만 참고 견디다 보니 그럭저럭 살 만했습니다. 인간이란 참 신기한 동물이어서 어떤 환경에서든 닥치면 다 적응하더군요.

당시 저는 신월동에서 광화문까지 새벽 출근을 해야 했습니다. 지하철역은 멀고 첫차를 맞추기가 쉽지 않아서 차가 필요했습니다. 교통이 불편하다고 지각할 순 없는 노릇이어서 카드론으로 200만 원을 빌려 소형 중고차를 샀습니다. 기름값을 아끼려고 수동 기어 차를 샀지만, 주유소에 갈 때마다 그마저도 부담스러웠습니다.

그때 제 꿈은 언감생심 아파트는 고사하고 주차하기 편한 작은 빌라 한 채를 갖는 것이었습니다. 집을 소유하려면 무조건 돈이 많아야 하는 줄 알았고, 월세 받는 집주인의 삶은 나와는 상관없는 딴 세상 이야기 같았습니다.

최악의 상황에서 도망치고 싶은
절실함은 무기가 된다

어렸을 때부터 무언가를 잘해본 적도 없고, 꿈을 가져본 적도 없습니다. 스스로 생활비를 벌어서 쓸 수 있을 만큼 컸지만 무얼 해야 하는지, 무엇을 할 수 있는지 몰랐습니다. 당장 내일이 어떻게 될지도 모르는데 몇 년 후를 기대하고 준비하고 노력하는 삶이 도저히 살아지지 않았습니다. 그저 하루하루를 흘려보내는 데 익숙해졌습니다.

대학을 졸업하고 사회생활을 시작한 후에도 주거비와 생활비가 빠져나간 통장 잔고를 보면서 한숨만 쉴 뿐이었습니다. 그런 돈을 모아서 집을 산다? 부자가 된다? 피식 헛웃음이 나올 정도로 말도 안 되는 이야기였고, 그런 모습은 상상조차 할 수 없었습니다.

하루살이처럼 살아온 20대의 저는 더 물러설 곳도 창피할 것도 없는 바닥에서 온갖 경험을 했습니다. 지금 와서 되돌아보면 저는 운이 좋았습니다. 꿈을 키워나가고 꽃다워야 할 20대의 삶이 너무 싫었기 때문에, 더 빨리 그 상황에서 도망칠 수 있었으니까요.

다시는 시궁창 같은 삶으로 돌아가지 않으리라, 스스로에게 부끄러운 행동을 하지 않으리라, 이런 마음을 먹게 해준 건 다 너무나 초라했던 20대의 삶 덕분입니다. 지금도 웬만한 일에 초연한 편입니다. 그런 의미에서 바닥을 경험하는 건 좋은 일입니다. 물론 다시 돌아가고 싶지는 않습니다.

돈맛을 보고도
망설였던 이유

2000만 원이
4000만 원으로 돌아오다

"혹시 2000만 원 있어? 성남시 은행동이 재개발 지역인데, 여기 빌라 하나가 나왔거든. 지금 전세 끼고 사면 돈 벌 수 있어."

2007년 제 인생 첫 '투자'는 어머니 친구인 중개소 사장님에게 걸려 온 전화 한 통으로 시작됐습니다. 저에겐 단순한 투자가 아닌 새로운 세계를 경험하게 된 '사건'이었죠.

그때까지 저축한 돈에 여기저기서 끌어모은 돈을 더해

얼떨결에 빌라를 매입했습니다. 몇 달이 지나지 않아서 세금을 빼고도 투자한 돈 이상으로 벌었습니다. 당시 저한테 2000만 원은 큰돈이었는데 그게 4000만 원이 되어서 돌아오다니, 완전 신세계였습니다.

'부동산이 돈이 되는구나!'

그때 중개소 사장님이 건네준 수천만 원어치의 1만 원권을 트렁크에 실어서 왔던 기억이 납니다. 그 현금 다발을 어떻게 해야 할지 몰라 자취방에 쌓아놓고는 대충 신문지로 덮어놨습니다. 나중에 놀러 왔던 친구들이 쌓여 있는 돈다발을 보고 놀라 저를 쳐다보던 얼굴이 아직도 생생합니다.

부동산 투자는
내 유일한 탈출로였다

저는 돈에 대해 보수적입니다. 누군가가 어디 투자해서 몇 배를 벌었다고 해도 잘 믿지 않았고 귓등으로 흘리기 일쑤였죠. 그런데 직접 경험해 보니 내가 모르는 세상이 있다는 사실을 깨달았습니다. 부동산에 'ㅂ' 자도 모르면서 부동

산 카페부터 가입하고, 이해하지도 못하는 부동산 뉴스와 기사들을 찾아보기 시작했습니다.

하지만 사장님이 이후에도 몇 번이나 투자 기회를 알려 줬지만, 겁이 나서 아무것도 하지 못했습니다. '지금은 아니야, 나중에 하자' 하고 미룰 뿐 도저히 다시 돈을 넣을 엄두가 나지 않았습니다. 공부가 덜되었다는 핑계로 재개발 관련된 책이나 읽고 있을 뿐이었습니다.

하늘이 도왔는지 아니면 초심자의 행운이었는지 모르겠지만, 겁을 먹은 덕분에 위기를 피할 수 있었습니다. 제가 팔고 나서 몇 달 후부터 부동산 시장이 얼어붙기 시작했고, 집값은 계속 하락했던 것입니다. 시장에는 매도 물량이 쌓여갔습니다. 만약에 그때 더 욕심을 내서 매도 시점을 조금만 늦췄거나 대출을 더 받아서 다른 곳을 또 샀더라면, 저는 몹시 힘든 상황에 처했을 겁니다. 당시 형편으로는 대출 이자를 감당하기도 어려웠을 테니까요. 다행히 투자 시장을 제대로 몰랐기 때문에, 소심해서 두려움이 컸기 때문에, 일을 더 벌이지 않고 위기를 비껴갈 수 있었습니다.

누구나 그랬겠지만 특히 젊고 혈기 왕성한 시기에 우연한 기회로 돈맛을 보고 나니 가슴이 뛰기 시작했습니다. 제

안에 있는 줄도 몰랐던 열정이 끓었습니다. 하지만 무얼 해야 할지 모른 채 이런저런 생각으로 머릿속만 복잡하던 시기였습니다.

'부동산을 제대로 공부하고 싶다.'
'더 많이 경험하고 싶다.'

부동산은 제 암울한 현실로부터 탈출할 유일한 길로 보였습니다. 지금이라도 부동산과 관련된 일을 알아볼까? 이런 생각이 들었지만 역시 문제는 돈이었습니다. 수년 동안 자취를 하면서 매달 죄어오는 생활비의 압박을 누구보다 잘 알았습니다. 쪼들리더라도 꼬박꼬박 월급이 나오는 이 안전한 울타리를 벗어난다는 건 공포였습니다. 머릿속에는 목표와 계획이 서 있었지만 고정소득이 없는 상황에 대한 불안으로 호기롭게 사표를 꺼내기가 두려웠습니다. 한 번 돈맛을 본 것은 운이 좋았을 뿐이라고 생각하니, 직장에 다니며 쳇바퀴 돌듯 사는 삶을 당장 벗어날 순 없었습니다.

불안은
행동하지 않아서 생긴다

오랜 고민 끝에 직장을 다니며 공인중개사 자격증을 따자고 결론을 내렸습니다. 이참에 부동산 공부를 한번 해보고 안 되면 빨리 다른 길을 찾자고 가볍게 생각했습니다.

그런데 너무 가볍게 생각해서일까요? 몇 달간 준비해서 치른 시험에서 아슬아슬하게 떨어지고 말았습니다. 썩 좋은 머리도 아니면서 시험을 만만하게 본 탓이었습니다. 다음 해에는 좀 더 열심히 준비해 동차 합격을 했습니다.

사실 자격증을 땄다고 해서 당장 중개소를 차리거나 취직이 보장되는 건 아닙니다. 단지 부동산과 관련된 거라면 모조리 경험해야겠다는 마음이었고, 첫발을 뗐다는 데 의미를 두었습니다.

이후 무엇이든 누구에게든 배운다는 자세로 중개법인, 경매회사, 변호사사무실, 법무사사무실, 분양회사, 부동산 영업회사, 자산관리회사 등에 문을 두드렸습니다. 저보다 어린 사람 밑에서 일을 배워야 하는 경우도 많았지만 그런 걸 따질 여유가 없었습니다. 살기 위해 배우고, 그것을 내 것으로 만드는 데만 집중했습니다.

'지금 내 처지에 뭘 할 수 있겠어. 적당히 연명하며 살자.'

그전까지는 무의식에 이런 생각이 콕 박혀 있어 저를 행동하지 못하게 했습니다. 하지만 부동산 투자를 알고 난 후 조금씩 달라졌습니다. 나도 무언가에 도전할 수 있다는 자신감이 생기기 시작한 것입니다.

'일단 부딪쳐 보자. 낙찰부터 받아보면 내 길인지 아닌지, 알 수 있겠지.'

고민하는 데 시간을 쓰기보다 먼저 저질렀습니다. 신기하게도 마음을 바꾸니 현실의 문제들이 하나씩 해결되었습니다. 행동하지 않으면 막연한 두려움이 생깁니다. 행동하면 처음의 두려움은 사라집니다. 물론 처음에는 '과연 내가 잘하는 게 맞나?' 하는 생각이 들 수도 있습니다. 하지만 이는 막연한 두려움과는 다른 성장에 필요한 질문입니다. 저는 투자를 시작하고 나서야 이 간단한 이치를 깨달았습니다. 투자에서 마인드가 중요한 이유입니다.

투자를 시작하기
좋은 때란 없다

부동산 외에는
부자가 되는 방법을 몰랐다

부동산 투자 중에서도 제 관심사는 처음부터 경매였습니다. 당시 제 처지에선 가장 빨리 가난에서 벗어날 방법으로 보였습니다. 저는 오직 이렇게 물었습니다.

'어떻게 하면 빨리 경매를 배워 돈을 벌 수 있을까?'

경매는 제가 할 수 있는 투자 중에 부동산을 가장 싸게 사는 방법이었습니다. 싸게 사서 정상가에 팔면 얼마라도 이익이 남을 거라는 단순한 생각이었죠. 어차피 초짜인 제가 부동산 시장에서 바닥과 상투를 정확히 알 수는 없습니다. 비싸게 팔 수 있는 특별한 재주가 없으니 싸게 사는 게 그나마 현실적인 목표였습니다.

그러니 싸게만 산다면 이기는 게임이라고 생각했습니다. 시세대로 매각해도 남고, 시세보다 싸게 팔아도 남을 테니까요. 설사 매입 시기가 좋지 않아서 하락기가 온다 해도 원가나 분양가 대비 높은 할인율로 매입한다면 약간의 마진만 남기고 팔아도 되고, 전세를 주어서 투자금을 모두 회수하면 된다고 나름의 계획을 세웠습니다. 지금도 투자 대상과 자금의 규모만 달라졌을 뿐 이 생각에는 변함이 없습니다. 그리고 이 생각은 저의 제1 투자 원칙이 되었습니다.

솔직히 말하면 수중에 돈이 없으니 부동산을 사려면 대출을 80% 이상 해주는 경매 외에는 방법이 없었습니다. 나머지 20%마저도 임대보증금이나 마이너스 대출, 지인 찬스 등을 활용해야 했지만 감당해 보기로 했습니다.

어떤 시장에서든
물건을 찾는 게 투자다

제가 처음으로 경매 시장에 들어간 2012년에는 부동산 시장이 거의 최저점이었습니다. 너무 하락한 다음이어서 2015년 초반까지 가격이 조금씩 오르긴 했지만 거래는 많지 않았던 회복기였죠. 그런 시기에 사람들은 부동산에 관심이 없습니다. 당시 정부는 양도세(양도소득세) 비과세, 규제 지역 해제 같은 완화 정책을 내놓으며 시장을 살리려 했습니다. 내수는 살아날 기미가 보이지 않고 세수 확보도 되지 않으니 비상이었을 겁니다. 2023년인 현재와 비슷하게 정부는 거래량을 조금이라도 늘리고 부동산 시장을 연착륙시키려고 노력했던 시절이었습니다.

요즘 들어 사람들에게 부동산 상승기와 하락기를 다 거치고 어떻게 건재했느냐는 질문을 많이 받습니다. 그에 대한 저의 대답은 단순합니다.

"경기 흐름이요? 저는 그런 걸 제대로 신경 쓸 겨를도 없이 투자했습니다. 시장이 침체됐다는 얘기가 돌면 경쟁자가 적어져서 좋았고, 시장이 호황이라는 얘기가 들리면 제가

산 부동산을 사려는 사람이 많아져서 좋았죠. 시장이 좋든 안 좋든 안전마진만 따지면 투자는 언제든 할 수 있습니다."

저는 그때 초보 투자자였고 시장 상황은 볼 줄도 몰랐으며 솔직히 나무 하나하나를 보느라 숲에는 관심도 없었습니다. 그저 경매 한건 한건을 조사하고 입찰할 물건을 추리는 데 집중할 뿐이었습니다.

제가 입찰을 준비하면서 내다본 미래는 고작 1~2년 후였습니다. '현재가보다 얼마나 더 싸게 살 수 있을까' '전세로 놓으면 내 돈이 얼마 정도 들어갈까' '월세로 바꾸면 이자 빼고 얼마가 남을까' '1~2년 후엔 얼마나 오를까' 이런 생각을 하느라 바빴습니다. 최대한 대출받아 싸게 사서 큰 욕심 없이 파는 것을 빠르게 반복하는 방법만 생각했습니다.

《나는 대출 없이 0원으로 소형 아파트를 산다》의 저자인 잭파시의 투자 방법을 보면, 하나의 아파트를 매입하기 위해 여러 경기지표를 활용합니다. 미국을 중심으로 한 세계 경제부터 시작해 전국, 도, 시·군·구 순으로 지역을 좁혀서 시장을 분석하는 톱다운(top-down) 방식입니다. 만약 미국의 경기 흐름이 좋지 않으면 우리나라의 부동산 시장도 좋지 않으리라고 유추하는 것입니다.

반면 경매는 보텀업(bottom-up) 방식입니다. 일단 특정 물건이 경매로 나와야 조사를 할 수 있습니다. 특정 지역의 아파트가 나온 것을 보고 그 단지를 분석하고, 그 물건으로 안전마진을 확보할 수 있는지를 따지는 것이죠. 경매로 나오는 한정적인 물건만을 대상으로 분석하니 시야가 다릅니다.

경제지표의 수치나 시장 심리가 좋지 않더라도 물건에 따라 투자 기회를 엿볼 수 있습니다. 예를 들어 고금리 시기와 같이 시장 심리가 위축될 땐 입찰하려는 사람이 줄어듭니다. 그러면 매수자 우위의 시장이 형성되고 경쟁 없이 낮은 가격에 살 수 있어 안전마진을 더 확보할 수 있습니다.

저는 초기엔 경매 투자에 집중했기 때문에 세계 경제의 흐름을 읽는 등 복잡한 시장 분석이 크게 중요하지 않았습니다. 가치 있는 부동산을 싸게 산다는 원칙만 지키면 투자는 언제든 할 수 있습니다. 제 관심사는 오로지 '어떻게 하면 가치 있는 부동산을 싸게 살까'에 관한 것이었고, 그 방법을 찾는 데만 완전히 집중해 찾아다녔습니다.

싸게 사면
손해 볼 일이 없다

주로 경매를 통해 싸게 낙찰받으니 결코 손해를 보지 않았습니다. 그것이 반복되자 안전마진만 확보된다면 부동산 투자는 리스크가 없다는 사실이 머릿속에 박혔습니다. 지금도 저는 풀 레버리지, 즉 대출을 최대로 받고 투자하지만 불안하지 않습니다. 안전마진을 확보했으니 어떤 상황이 와도 멘탈이 흔들리지 않으니까요.

자산은 상승과 하락의 부침이 있을지언정 시간이 지날수록 우상향하고, 싸게 낙찰받는다면 적어도 손해는 안 본다는 확신이 있습니다. 길게 본다면 거시 경제나 금리 변동에 일희일비할 필요가 없습니다. 제게 금리의 높고 낮음은 투자 여부의 문제가 아닌 어떤 투자를 하느냐의 문제일 뿐입니다.

투자를 하다 보면 예측과 다르게 수익률이 빗나가기도 하지만, 적정 안전마진만 확보하면 무조건 이기는 게임입니다. 그건 하락기에도 마찬가지입니다.

저는 12년 이상 투자를 하면서 단 한 번도 손해 본 적이 없습니다. 부동산의 상승기와 하락기를 거친 현재까지도 건재하고, 여전히 치열하게 투자하면서 살고 있습니다. 특히 하락기에는 유명 투자자들도 저에게 미팅이나 상담을 요청하는 것을 보면 저도 신기합니다. 저로서는 제가 세운 원칙에 충실했을 뿐인데 말입니다.

지금 투자해야 하는
단 한 가지 이유를 찾아라

부자는 돈을 벌 방법을 찾는다

월세 10만 원이 나오는 부동산에 투자하길 권했을 때, 보통은 이렇게 대꾸합니다.

"10만 원? 까짓 그거 벌려고 투자한다고? 세금이 더 나오겠네."

하지만 부자 마인드를 갖고 있는 사람이라면 다른 답변을 합니다.

"그래서 투자금이 얼만데?"

그다음 입지, 수요, 교통, 주변 환경 등을 따져봅니다. 월세가 10만 원밖에 나오지 않더라도 실투자금이 들어가지 않거나 1000만 원 내외라면 투자를 고려해 볼 수 있으니까요. 월 10만 원이 작다고 생각합니까? 3% 금리라면 무려 4000만 원을 예금해야 얻을 수 있는 이자라고 생각하면 다르게 느껴질 겁니다.

여기서 이미 부자인 사람은 한 번 더 묻습니다.

"그래서 몇 개를 살 수 있는데?"

투자를 못 하는 사람은 온갖 핑계를 대며 투자를 망설이지만, 부자 마인드를 가진 사람은 어떻게든 투자할 방법과 이유를 찾아냅니다.

돈이 없는 건
투자를 못 하는 이유가 될 수 없다

부동산은 주식 등 다른 투자와 다르게 큰돈이 오가므로 쉽게 시작할 수 없다는 편견이 있습니다. 대출과 임대보증금을 잘 활용하면 생각보다 돈이 많이 들지 않습니다.

2021년 3월 제 경매 수업을 들은 어떤 수강생은 원주 무실동 아파트를 2억 7200만 원에 낙찰받아 왔습니다. 그리고 잔금을 낸 지 한 달도 채 되지 않아 2억 8000만 원에 전세계약을 했습니다. 실투자금 없이 40평대 아파트 한 채에 투자한 셈입니다. 이런 '무피 투자' 사례는 너무 많아서 일일이 언급하기도 번거롭습니다.

저는 통장에 잔고가 없을 때도 가슴을 뛰게 하는 부동산을 찾기 위해 경매 사이트에 수시로 접속했습니다. 돈이 없다고 멈춰 있는 게 아니라 좋은 물건을 찾기 위해 계속 안테나를 세웠고, 일단 발견하면 레버리지를 최대한 활용했습니다. 매입할 때 당장 마이너스 수익이 예측되더라도 1~2년 후 시세차익에 대한 확신이 있다면 레버리지를 적극 활용해 투자했습니다.

마이너스 통장과 신용대출은 기본이고 사업자대출을 받거나 제가 가진 부동산을 담보로 추가 대출을 받기도 했습니다. 후순위 대출은 물론 3순위 또는 그 이상까지도 받을 수 있다는 자세였습니다. 단 가치가 올라갈 부동산이어야 하고, 반드시 가치보다 싸다는 전제하에서 말입니다. 제 투자 방식은 이런 큰 틀에서 변한 적이 없습니다.

온갖 방법을 동원해도 투자금이 부족할 때는 함께 투자

하는 지인들과 가족, 친인척 등을 설득해 차용증을 써주고 돈을 빌렸습니다. 이쯤 되면 미쳤구나 싶을 것입니다. '세상에, 나는 그런 위험한 짓은 하지 않을 거야' 하며 거부감을 가질 수도 있습니다.

제가 말하고자 하는 것은 무작정 덤벼들어라, 대출을 끝까지 받아서 위험에 올라타라는 게 아닙니다. 부자가 되지 못하는 사람들은 대개 당장 투자하지 못하는 이유를 아주 잘 찾아냅니다. 그중 가장 흔한 이유가 돈이 없어서입니다. 그러나 돈이 부족한 것은 투자를 망설이는 이유가 되지 못합니다.

앞으로의 결과가 좋지 않을거라 생각하거나 비관적이면 어떤 투자든 내 돈이 들어갈 수 없습니다. 결과를 낙관하고 현재의 위치에서 최선을 다해 방법을 찾고 미루지 않고 도전하는 것, 제 주위의 자수성가한 부자들의 공통된 성향입니다.

스스로 할 수 있는 모든 일을 다하고 겸허히 결과를 기다리는 '진인사대천명'의 자세가 필요합니다.

지금이 아니면
나중은 없다

요즘은 부동산을 가르치는 학생들에게 이런 이유를 많이 듣습니다.

"투자하고 싶은데 명의가 없어요."

투자하지 못하는 이유 중에 '명의가 없다'는 이야기도 많이 듣습니다. 저는 정말 절실한 분들에게는 지인이나 부모님, 가족을 통해 경험을 쌓는 방법도 있다고 합니다. '그렇게까지?'라고 생각할 수 있으나, 수익이 많이 날수록 많은 세금을 내면 됩니다.

또 투자하지 못하는 이유 중에 금리와 세계 경제 흐름도 많이 언급합니다. 솔직히 미국 은행이 망하는 것과 내 투자와는 큰 상관이 없습니다. 수익률에서 차이가 날 수는 있어도 투자 여부에는 상관없다는 말입니다.

저는 3~4%대 이자로 돈을 빌려 7~8%대 수익률이 나오는 부동산에 투자해 왔습니다. 요즘처럼 금리가 올라가서 대출이자가 5%가 넘으면 어떻게 하냐고요? 그럼 수익률이 10%가 나오는 투자처를 찾습니다. 수익률 10% 정도의 상가를 경매로 낙찰받아 8% 정도의 수익률에 맞추어 매도가를 정하면 살 사람은 얼마든지 있으니까요.

보증금과 금융 레버리지를 활용하면 아파트·빌라·오피스텔 등의 주거용 부동산에 투자할 수 있고, 상가·지식산업센터·토지 등의 비주거용 부동산은 법인을 활용하거나 사업자대출을 받아 부동산 개수를 늘려갈 수 있습니다. 확신의 문제이지 대출이 안 나와서 투자를 못 하는 게 아닙니다.

참고로 저는 저축은 하지 않습니다. 저축이 필요 없다는 게 아니라 3~5% 수준의 금리가 매력적이지 않기 때문입니다. 아무리 높은 금리를 주는 금융기관이 있다고 해도 겨우 물가상승률을 따라갈 뿐이니까요.

자신이 정한 종잣돈이 모일 때까지는 일정 수준의 저축이 필요할 수 있지만, 단지 금융기관에 맡겨두는 것으로는 부자가 될 수 없습니다. 이미 부자라면 모를까, 또 수명이 한 200년쯤 된다면 모를까, 저는 좀 더 빠르고 효율적인 방법을 선호합니다. 이것이 금리가 더 오를지도 모르는 지금 이 순간에도 더 나은 투자처를 찾는 데 시간과 노력을 들이는 이유입니다.

뛰어날 수 없다면
다르게 하라

모두가 미쳤다고 하는 곳에 투자하다

2021년 6월, 코로나19가 언제 끝날지 모르는 상황에서도 부산 해운대에 있는 한 호텔을 낙찰받았습니다. 도대체 언제쯤 마스크를 벗을 수 있을지 예상할 수 없었던 시기였지만, 제가 호텔을 매입한 이유는 시기의 문제일 뿐 결국 정상화되리라는 것을 확신했기 때문입니다.

정상화가 빨리 되지 않더라도 매입 당시 제 기준에서 버틸 수 있는 수익률이 나왔기 때문입니다. 이런 시기일수록 당장의 수익률보다 가치 있는 부동산이 좋은 값에 나오면 하나둘씩 모아간다는 자세로 매입합니다.

낙찰받은 호텔은 30층 높이에 해운대 바다가 바로 앞에 보이는 위치였고, 120만 원씩 월세도 잘 들어오고 있었습니다. 그러나 투자 심리가 위축되어 있는 시기였기 때문에 사람들은 입찰하기를 꺼렸습니다.

"지금 무슨 호텔이야? 관광지 부동산은 이제 끝났지."

실제로 항공, 여행 섹터의 주식들은 바닥을 모르고 폭락하던 시기였으니 합리적인 선택일 수 있습니다. 반면 경매는 하락기에 해야 한다는 말이 있습니다. 일반 급매물로도 안 팔리는 시기인 만큼 입찰자가 줄어 경쟁률이 낮기 때문입니다. 그러니 예상치 못한 외부 충격으로 촉발된 하락기는 가치 대비 매우 낮은 가격에 베팅할 수 있는 시기입니다.

'그것도 투자할 돈이 있으니 그런 시기에도 매입할 수 있는 거지.'

이런 생각은 하지 마십시오. 왜냐하면 제가 본격적으로 투자를 시작했던 2012년도에도 지금처럼 부동산 하락기였습니다. "요즘 누가 그 돈 주고 부동산을 사나?" 했던 시기였고 저는 늘 잔고가 부족했지만 싸게 살 수 있다면 손해 볼 일은 절대 없다는 생각에 다르게 행동했습니다.

'미친 척하고 최저가에 서너 개씩 넣어보는 거야.'

이런 마인드로 입찰했더니 어떤 매물은 수도권 기준으로 2억~3억 원은 싸게 받았습니다. 대다수의 사람들은 남들이 아무런 관심이 없거나 사려는 사람이 없으면 겁이 나서 선뜻 매입하지 못합니다. 그러다 시세가 슬금슬금 올라간다는 뉴스와 기사가 나오면 그제야 관심을 가지기 시작합니다. 결국에는 도저히 참지 못하는 지경에 오면 꼭지에 매입하는 우를 범하기도 합니다. 먼저 움직이는 것과 맨 나중에 움직이는 것은 생각과 경험의 차이입니다.

제대로 된 곳에
돈을 던질 줄 알아야 한다

2022년 한 해는 부동산 투자자에게 무척 힘든 시기였습니다. 닥쳐오는 역전세와 언제 끝날지 모르는 거래 절벽, 그리고 미 연준(Fed) 위원들의 자극적인 발언 등으로 투자 심리는 극도로 위축되어 있었습니다. 지인 투자자 중에도 버티지 못하고 보유하던 부동산을 헐값에 내던진 분이 있습니다. 안타깝게도 수익은커녕 빚만 남았습니다.

제가 운영하는 회사 중 하나가 대부법인인데, 이 시기 유명한 분들도 저의 회사에 제법 찾아왔습니다. 이분들이 저한테 연락을 했다는 건 정말 힘든 시기였다는 방증입니다.

그런데 그때도 저는 용인 수지의 80평대 아파트에 투자했습니다. 인테리어 비용만 2억 원 넘게 들어간 고급 아파트였는데, 아무도 대형 아파트를 거들떠보지 않아 최저가 수준인 9억 4000만 원에 매입했습니다. 그 뒤 몇 달 만에 13억 원에 거래되었습니다. 낙찰 후 바로 전세를 놓아서 제 돈은 2억 원 정도 들어갔으니, 수익률로 치면 100%였습니다. 많은 분이 데이터와 차트를 보며 미래를 분석만 하고 있을 때 저는 말 그대로 '돈을 던져서(投資)' 돈을 벌었습니다.

남들이 들어갈 때
들어가면 늦다

괜찮은 부동산을 발견했을 때 내 돈을 넣을 수 있느냐, 없느냐로 투자자와 이론가가 갈립니다. 아무래도 이론가보다는 투자자가 부자가 될 가능성이 높습니다. 투자자는 확신만 있으면 어떻게든 실행하니까요.

매사에 부정적이거나 소극적인 사람은 이런저런 핑계를 대며 선뜻 투자하지 못합니다. 투자는 기본적으로 오늘보다 내일이 좋아진다는 데 베팅하는 것입니다. 앞으로 상황이 좋지 않을 것 같다면 내 돈에 더해 남의 돈까지 넣을 수는 없을 테니까요. 실제로 투자와 사업으로 부자가 된 분들을 만나보면, 다들 적극적이고 낙관적입니다.

동시에 피 같은 돈을 투자하는 만큼 리스크 관리도 철저합니다. 다수가 심리적 부담감을 내려놓지 못해 투자를 망설일 때 반대 성향의 소수가 저가 매수의 기회를 잡습니다. 금리가 내려가고 모두가 투자에 관심을 가질 때면 이미 늦습니다.

바닥을 확인하고 나서 시장에 들어가고 싶겠지만, 바닥이 언제인지는 지나봐야 알 수 있습니다. 그런 시기를 예측하는 것은 정부나 사설 기관의 연구원이 하는 일입니다. 우리는 그들의 의견을 의사결정을 내리는 데 참고 자료로 활용할 뿐입니다. 모든 리스크가 제거된 완벽한 상태로 투자하고 싶겠지만 그런 상황은 결코 오지 않습니다. 부동산 투자는 선진입을 하는 게 막차를 타는 것보다 안전합니다.

저는 기회가 왔을 때 그것이 기회인지조차 알아보지 못할까 봐 두렵습니다. 새로운 도전을 두려워한다면 지금보다 더 많은 부를 가질 가능성이 낮아집니다. 현재 상황이 여의치 않다고 투자를 멈추거나 미룰 게 아니라 지금 상황에서 최선의 선택을 하는 연습을 해야 부자가 될 수 있습니다.

부의 티핑포인트는
반드시 온다

부자가 자식에게
물려주고 싶었던 단 한 가지

제 경매 수업에는 전국에서 다양한 분들이 찾아옵니다. 그중 매주 20대 딸과 함께 와서 다정하게 강의를 듣는 신사 분이 있었습니다. 어디서 오셨느냐고 물었더니 부산에서 왔다는 이야기에 놀랐습니다. 2시간 반짜리 강의를 듣기 위해 매주 비행기를 타고 왔었던 겁니다.

더 놀랍게도 그분은 건물을 몇 채나 가진, 부산에서도 손꼽히는 경매 고수였습니다. 머리가 희끗할 정도로 오랫동안 투자를 해온 분이 경매 방법을 몰라서 굳이 먼 서울까지 제 강의를 들으러 왔을까요? 당연히 아니라고 생각합니다.

부동산에 대해 아무것도 모르는 딸에게 투자 마인드를 알려주고 싶었던 것입니다. 부를 물려주더라도 부자 마인드가 없으면 부가 지속될 수 없다는 걸 알기 때문이겠죠.

현재의 사고방식이 미래의 부를 결정한다

현재 나의 위치는 어제까지 내 사고방식과 행동의 정확한 결괏값입니다. 결과를 다르게 하려면 생각을 달리 해야 합니다. 생각의 한계가 그 사람이 성장할 수 있는 최고치입니다. 어떤 결과물도 그 사람의 생각 수준을 넘어설 수 없습니다. 그러니 사고의 한계를 확장하지 않으면 1년, 3년, 아니 10년 후에도 나이만 더 먹을 뿐 결괏값은 비슷할 겁니다. 이는 현상 유지가 아닌 퇴보입니다.

자기 사고의 한계와 경험의 폭을 넓히는 것만이 투자를 지속할 수 있는 유일한 방법입니다. 반대로 돈에 초점을 맞추면 아무것도 되지 않습니다.

'그래 돈 좀 덜 벌면 어때. 아무리 밑져도 경험은 남겠지.'

저는 이런 생각으로 눈에 보이는 족족 투자에 뛰어들었습니다. 어떻게 보면 약간 미친 과정을 거치고 나니까 거래해 보지 않은 부동산 종류가 없을 정도가 되었습니다. 그만큼 경험하고 나니 자신감이 생겼습니다.

성공한 투자가 많으니 뭘 하든 잘될 거라는 자만이 아닙니다. 경험이 쌓이니 어떤 상황에서도 대처할 수 있겠다는 믿음입니다. 그 자신감으로 제가 하는 투자에 확신을 가질 수 있었고, 시간에 베팅하면 성공할 거라고 생각했습니다.

'이전에 1500만 원으로 100만 원을 벌었다면 이제는 1억 5000만 원으로 1000만 원을 벌 수 있겠구나.'

이런 식으로 투자금액에 '0'을 하나씩 더 붙여서 사고하기 시작했습니다. 투자 규모가 커질수록 경쟁자는 훨씬 줄어들었고 수익은 정비례가 아닌 기하급수적으로 높아졌습니다. 흔히 말하듯 눈덩이처럼 불어난 것이죠.

그런데 돌아보니 '0' 하나를 더 붙여 투자하기 위해선 맨땅에 헤딩하는 무수한 경험들이 꼭 필요했던 겁니다. 대부분은 경험을 쌓는 이 시기를 버티지 못합니다. 불확실한 상황이 계속되는 것은 누구도 원하지 않으니까요. 보상이 즉시 나오지 않으면 '이제 그만할래'라고 포기하거나 '이정도 하면 할 만큼 했어'라고 타협하기 쉽습니다.

2021년까지는 부동산 시장이 워낙 좋았기 때문에 시작한 지 얼마 안 된 사람들도 수익을 얻었습니다. 한마디로 어렵지 않게 전문가 소리를 들을 수 있던 시장이었습니다. 그런데 2022년 3월부터 시작된 미국발 유례없는 긴축으로 시장 분위기가 급격히 꺾이기 시작했습니다. 그제서야 부동산 시장이 한순간에 움츠러들 수 있다는 걸, 투자가 만만하지 않다는 걸 경험한 사람들이 생겨났습니다. 이때 시장을 떠난 분들도 참 많습니다. 이런 시기를 잘 버티고 이겨내야 합니다. 삶도 투자도 장기 레이스임을 잊지 마세요.

자산의 그래프는
계단형으로 상승한다

투자가 마음대로 되지 않아 풀이 죽어 있는 수강생의 모습을 종종 봅니다. 그들은 투자 방식을 바꿔야 되는 것이 아닌지 묻습니다.

"지금 잘하고 있는데, 왜 투자 방식을 바꾸려고 하세요?"

"너무 지쳐서요."

"몇 년 했는데요?"

"2년 좀 넘었어요."

세상에! 저는 처음 5~6년까지는 자산은 불어나고 있었음에도 끼니를 걱정해야 했고, 7~8년까지도 힘들긴 마찬가지였습니다. 그런데 이제 2년 하고 지쳤다는 말을 들으니 이분에겐 투자 스킬보다 멘탈 강화가 더 필요해 보였습니다.

처음에는 돈보다 경험에 목적을 둬야 합니다. 재테크는 돈을 벌기 위한 활동이기에 모순이기는 하지만, 해보면 압니다. 초보자가 부푼 꿈을 안고 돈을 목적으로 뛰어들면 절대 오래 하지 못합니다. 경험에 목적을 두고 거래 사이클을 반복하는 데 중점을 두어야 합니다. 그래서 조금의 돈이라도 나오는 직장이나 사업체가 필요합니다. 투자 시장에서 오래 버틸 수 있는 체력은 현금흐름에서 나오거든요. 그렇게 부침을 겪는 시간을 이겨내고 나서야 돈이 따라옵니다.

자산은 선형적으로 불어나지 않습니다. 투자를 시작하고 1~2년까지는 교통비, 세금, 임장 비용 등을 감안하면 수익은 없이 경험만 쌓을 확률이 높습니다. 그렇게 시행착오를 겪으며 자신만의 투자 대상과 방법을 찾아나가는 과정이 필요합니다. 그리고 3년 차쯤에야 적지 않은 수익을 맛보며 전업 투자자로 전향하는 분도 있고, 직장 생활과 투자를 겸하며 꾸준히 자산을 불리는 분도 있습니다.

자수성가를 이룬 사람들에겐
공통점이 있다

저는 직업상 자수성가한 부자들을 많이 만납니다. 이들은 무엇이 다르기에 경제적 자유를 누리고 있을까요? 제가 관찰한 바로는 그들에겐 몇 가지 공통점이 있었습니다.

1. 한 번쯤은 자신을 벼랑 끝으로 몰아넣는다.
2. 시련을 극복하는 과정에서 돈 버는 시스템을 만든다.
3. 한 가지 이상의 분야에서 이름을 알리고, 돈이 모이는 환경을 만든다.
4. 좋은 환경과 시스템이 그를 부자로 이끌어준다.

부자와 그렇지 않은 사람의 차이는 계속 실행에 옮겼느냐, 그렇지 않느냐의 차이밖에 없다고 생각합니다.

자수성가한 부자들은 언제 이루어질지 모를 목표를 향해 끊임없이 열정을 불태웁니다. 행동하면서 작은 실패를 반복하고 매일 조금씩 수정해 나갑니다. 이들은 실패를 일시적인 상황이자, 꼭 필요한 과정이라고 여깁니다.

실패를 두려워하지 않는 사람이 있을까요? 부자들은 실패를 두려워하지만 닥치는 모든 일을 감수할 자세가 되어 있습니다. 오히려 극한 상황을 기회라 여기고 감사해하는 사업가와 투자자도 보았습니다. 의도적으로라도 이렇게 사고하는 습관이 필요합니다.

그들이 실패를 성공의 발판으로 생각할 수 있는 데는, 시간이 얼마나 걸리든 자신의 목표는 이루어진다고 생각하기 때문입니다. 그러니 모든 에너지를 쏟아서 하나의 목표에 집중할 수 있습니다.

또한 그들은 돈을 조금 벌었다고 해서, 돈 버는 시스템을 만들었다고 해서 쉬이 안주하는 일도 없습니다. 그런 태도였다면 애초에 큰 부자가 되지도 못했겠죠. 어떻게 보면 자수성가한 부자들은 시련 속에서 미련스레 꿈을 키워가는 사람들입니다.

물론 부자가 되는 데는 시기와 운과 사업 아이템이 맞아떨어져야 합니다. 그럼요, 그건 분명한 사실입니다. 거기에 더해 그들은 땅에 단단히 뿌리를 내리고 열매가 충분히 익는 시간을 인내하고 기다릴 줄 압니다. 열매가 익기도 전에 나무를 흔들면 어떻게 될까요? 들인 노력이 같더라도 맛있는 과실을 얻지 못할 겁니다.

지금 인고의 시간을 보내고 있는 분들에게 꼭 전하고 싶습니다.

"이 시기를 잘 견디십시오. 아무것도 하지 않고 무작정 견디는 게 아니라 계속 무언가를 하면서 견디십시오. 행복한 시간도 어려운 시간도 결국은 지나갑니다. 사람마다 시간 차가 있을 뿐 부의 티핑포인트는 반드시 옵니다."

2장

돈을 버려야
부의 길이 보인다

투자를 망설이는 분에게 저는 극단적으로 돈을 버리라고 말합니다. 돈을 버릴 생각으로 부동산을 사라고요. 그래도 부동산은 내 손에 남습니다. 집이든 땅이든, 그 자산이 어떻게 성장하는지 지켜보면 됩니다. 그 경험이 결국 나를 변화시킵니다. 투자를 하고 싶게 만들어줍니다.

돈이 따라오는 사람은
무엇이 다른가

수백 건의 투자로 얻은 것은
값진 경험이었다

짧은 기간 동안 수십 건의 부동산을 매입하면서 부자가 되는 기간을 단축해 왔습니다. 이 방법 말고는 다른 방도가 없었고, 너무나 간절했기 때문이었습니다. 처음에는 두 달 동안 고생해 낙찰받은 부동산을 매도하고 나니 500만 원이 남았습니다. 그 거래에서 하나라도 배웠다면 그것만으로도 값지다고 생각했습니다. 통장에 잔고가 없어도 한번 결심이 서면 어떻게든 매입하려고 머리를 굴렸습니다.

다 잡았다고 생각한 급매물을 눈앞에서 놓친 적도 많고, 공동 투자를 하기로 한 지인에게 정보만 주고 빼앗긴 적도 있습니다. 한 달 남짓 밤낮으로 조사해 놓고 보증금을 마련하지 못해 입찰을 포기해야 한 적도 많았습니다.

이만하면 조금 알겠다 싶어지니 자만하기도 했습니다. 현장에 가보지 않고 입찰했다가 고생만 하고 가까스로 손해를 면한 적도 있습니다. 물론 그 후로는 직접 가보지 않은 곳은 매입하지 않는다는 원칙이 생겼죠. 이렇듯 저는 성공이든 실패든 수많은 경험 속에서 조금씩 성장했고 자신감을 얻었습니다.

우선순위를
성장에 두어라

어느덧 저는 업계에서 가장 다양한 방법으로 부동산을 싸게 매입하는 사람이라고 알려졌습니다. 그래서인지 중개소 사장님들이 제가 어떻게 투자하는지 무척 궁금해했습니다. 한 달에 한 번씩 중개소 사장님들과 모임을 갖는데 그때마다 이런 말씀을 하시더군요.

"아무리 바빠도 정 대표 일하는 거 한번 보고 싶네. 지방 어디든 열 일 제치고 갈 테니 꼭 연락해 주게."

일하는 과정을 직접 보고 싶으니 대위변제(173쪽 참조)나 경매, 미분양 계약 등이 생기면 현장에 꼭 불러달라고 여러 차례 이야기했습니다. 중개소 사장님들은 활동 범위가 넓어도 구나 시를 벗어나기 힘든데, 저는 전국을 돌아다니니 궁금해할 법했습니다.

혼자 일하는 것이 습관이 되어 누군가와 같이 가면 온전히 집중할 수 없고, 운전 내내 통화만 하는 경우도 많아 이런 부탁이 망설여졌습니다. 아무리 술자리에서 한 약속이라도 반복되는 간곡한 요청을 모른 척하기 어렵더군요.

그러던 중 마침 지인들 중개소 근처에서 점유이전금지가 처분 집행과 낙찰받은 경매 사건의 강제집행이 2시간 간격을 두고 잡혔습니다. 멀리 이동하지 않아도 되고, 집행관에 의한 강제집행까지 가는 경우가 많지 않기에 잘되었다 싶어 단체 문자를 남겼습니다.

"집행 현장이 두 군데 있으니 참관하실 분은 오세요."

모두가 참석하지 않더라도 몇 분은 올 줄 알았습니다. 그런데 예상이 빗나갔습니다. 그날 나온 분은 딱 한 명이었습니다. 나머지 분들은 전날 연락이 와서 내일 어떻게 될지 모르겠다고 하거나, 마침 계약 건이 생겨 미안하다며 다음에 꼭 다시 연락을 달라고 했습니다. 물론 다들 중개소를 운영하고 있기 때문에 손님이 예고 없이 찾아올 수 있으니 이해는 합니다. 중개사로서는 언제 어디에서 계약이 될지 모르니 한 분 한 분 소홀히 대해서는 안 됩니다.

그렇더라도 꼭 보고 싶다, 연락하라고 했던 말은 무색해졌습니다. 반면에 혼자서 나온 분은 제가 연락을 드릴 때마다 늘 선뜻 저와 동행합니다. 나이도 적지 않으신데 갈 때마다 조언과 질문, 메모를 합니다. 일하다 보면 밥때를 놓쳐 해 질 무렵이 되어서야 첫 끼를 할 때도 있습니다. 이 사장님은 결코 한가한 분이 아닙니다. 실력은 물론 업력도 오래됐고 중개소 위치가 좋아 늘 바쁜 분입니다.

그분으로서는 가게에 자리를 비우니 실장님, 손님들에게 계속해서 전화가 오고 번거롭습니다. 정중하게 죄송하다며 언제까지 들어간다고, 몇 번이고 양해를 구하는 모습을 여러 번 보았습니다. 그럼에도 번번이 저와 동행하면서 사서 고생을 합니다.

그 모습을 보면서 '과연 나도 20년 후에 저렇게 열정적일 수 있을까' 하고 생각했습니다. 나이가 들수록 저에게도 귀찮게 느껴지는 일들이 여럿 생겼습니다. 몇 년 전에는 기꺼이 했던 일들인데, 예전엔 내가 어떻게 했나 싶을 때가 있습니다. 체력의 문제가 아니라 의지의 문제인 겁니다.

생업이 중요하지 않은 사람이 어디 있겠습니까? 그 사장님은 전월세계약으로 당장 몇십만에서 몇백만 원 벌 기회보다 자신의 업무 영역을 넓히고 배우는 데 우선순위를 두고 있는 것입니다.

부자가 되고 싶다면 스스로 물어보아야 합니다. 나의 우선순위는 무엇인지, 경제적 자유를 얻기 위해서 나는 무엇을, 어디까지 희생할 수 있는지 말입니다.

한 우물만 파는
부자는 없다

부의 경험치를
곱하기로 쌓아라

사실 부동산 투자법 중에서 한두 개만 잘해도 부자가 될 수 있습니다. 저처럼 경매 투자를 잘해도 되고 경매는 모르지만 갭투자를 잘해도 됩니다. 그런데 딱 한 분야만 잘하는 것보다 다양한 곳에서 경험치를 쌓으면 더하기가 아니라 곱하기로 아웃풋이 커집니다. 갭투자를 잘하는 사람이 경매까지 할 수 있으면 보는 눈이 넓어지고 두 투자법을 섞어서 활용할 수도 있습니다.

그런데 무엇보다 부동산 투자를 정말 잘하려면 사람의 심리를 잘 알아야 합니다. 이건 투자 스킬과는 다릅니다. 스킬은 몇 번 해보면 되지만 심리는 시장 상황과 매수인, 매도인의 상황까지 파악해야 합니다. 왜 자신의 부동산을 매도하려 하는지, 왜 잔금을 당기려 하는지 등 이 심리를 잘 읽는 방법이 있습니다. 부동산 중개를 해보면 됩니다.

중개사는 매수인(임차인)과 매도인(임대인)을 다 만나서 그들이 원하는 것이 무엇인지를 헤아려야 하는 직업입니다. 저는 공인중개사 자격증을 땄지만 중개업 자체에는 큰 관심이 없었습니다. 다만 시장이 돌아가는 구조를 배우고, 물건을 거래하는 방법을 제대로 익히고 싶었기 때문에 바로 중개소를 차렸습니다.

강서구 방화동에서 4년 정도 중개소를 운영하다 보니 매도인과 매수인 간의 심리가 이해되었습니다. 매도인은 어떻게 하면 안 좋은 점은 이야기하지 않고 가격을 더 받을 수 있을까를 고민하고, 매수인은 어떻게 하면 꼬투리를 잡아서 가격을 내릴 수 있을까 고민합니다. 이런 신경전을 지켜보면서 사고팔 때의 심리를 자연스럽게 익혔습니다.

건물주 중에는 중개수수료를 아까워하며 안 주려는 사

람도 더러 있었습니다. 방 하나 임대차계약을 할 때 중개수수료가 30만~40만 원 하는데 100억 원대 부자가 그 돈을 빼먹으려고 하더군요. 실컷 중개를 했는데 보수를 못 받는 상황이 되었습니다. 돈을 받아내야 하는 상황에 스트레스를 받아 그만두는 직원까지 생겼습니다. 좋게 말해서는 도무지 줄 생각을 하지 않으니 다른 방법을 쓰기로 했습니다. 절실해지니 방법이 보이더군요.

30만 원의 중개수수료 미수금으로도 경매를 넘길 수 있다는 사실을 이용했습니다. 건물주의 건물에 가압류를 걸고 경매 신청을 하겠다는 내용증명을 보냈습니다. 건물주 내외는 그제야 부랴부랴 사무실로 달려와 늦게 줘서 미안하다며 연신 사과했고, 35만 원의 중개수수료를 냈습니다.

이때 제가 건물주를 원망하며 화를 내는 정도로 그쳤다면 어떤 결과가 나왔을까요? 경매는 자산을 불리는 데도 필요하지만 내 권리를 찾는 데도 유용한 스킬입니다.

좋은 경험이든 나쁜 경험이든 차곡차곡 쌓이면 문제 해결 능력이 높아집니다. 이럴 땐 이렇게 대처하면 된다고 책으로 배울 때는 다 알 것 같아도 막상 눈앞에 닥치면 당황하는 게 사람입니다. 그런데 여러 입장에 서보니 상황별 대처법이 자동으로 떠오르고 해결할 수 있었습니다.

중개소를 운영하는 동안 수익은 크지 않았습니다. 월세를 내고 두 명의 직원에게 급여를 주고 나면, 이 일을 왜 해야 하나 싶을 정도로 남는 돈이 없었습니다. 하지만 그때의 경험들이 지금에 와서는 시너지를 일으키고 있습니다.

제가 해온 부동산에 관련된 경험들은 하나하나의 점이었습니다. 그렇게 충실하게 찍어온 점이 하나의 선으로 연결된다는 사실을 10년 넘게 부동산 시장에 살아남은 지금에서야 깨달은 것입니다.

투자자의 무기는
심리와 생각을 읽는 것이다

지금은 대부법인도 운영하고 있습니다. 대부업을 한다고 하면 사람들이 놀랍니다. 이것도 일반적인 사고의 한계를 넘어선 선택이라고 생각합니다. 사실 대부회사는 자본금이 1000만 원만 있어도 차릴 수 있습니다. 물론 그런 경우 꾸준히 만족할 만한 수익을 내기는 어렵습니다. 그래도 저는 대부업도 경험해 보면 좋다고 생각합니다. 소액으로 두세 번만 내 돈이 나가봐도 충분합니다.

우리는 늘 은행에서 돈을 빌리는 입장(채무자)이기 때문에 빌려주는 입장(채권자)이 되면 어떤 사고방식으로 대출을 결정하는지 잘 모릅니다. 반대편의 입장에 서봐야 사고의 확장이 일어납니다. 이런 경험을 해보면 어떤 상황에서 어떤 심리가 작동하는지 자연스럽게 배울 수 있습니다.

돈을 빌려주는 입장이 되면 돈을 빌리는 입장에서 느끼는 것과는 다른 감정을 느끼고 생각합니다. 입장이 달라지면 세상을 바라보는 시각도 달라지기 때문입니다.

예를 들어 3억 원을 빌리려고 찾아온 두 사람이 있습니다. A는 시세가 5억 원인 자기 소유의 아파트를 담보로 3억 원을 빌리려고 합니다. A의 아파트에는 기존 대출이 전혀 없는 상태입니다. 반면 B는 10억 원인 아파트를 갖고 있지만 이 집을 담보로 이미 2억 원의 빚이 있습니다. 여기에 추가로 3억 원을 더 빌리려고 하죠. 여기서 질문드리겠습니다.

누구에게 빌려줘야 더 안전할까요?

대체로 빚이 없어 등기부가 깨끗한 A에게 빌려주고 싶은 분이 많을 겁니다. 등기부에 복잡하게 선순위 권리가 있으면 피하고 싶거든요. 하지만 저라면 B에게 빌려줄 겁니다.

이자를 받지 못하는 상황을 가정해 보면 이해가 쉽습니다. 둘 다 이자를 갚지 못하는 상황에 처해 담보로 잡은 아파트가 경매로 넘어가 현재 시세의 50%에 낙찰되면 어떻게 될까요? A의 경우 낙찰액은 5억 원의 반인 2억 5000만 원이니 빌려준 돈에서 5000만 원을 떼일 수 있습니다. 반면 B의 경우 낙찰액은 10억 원의 반인 5억 원이니 나보다 우선순위 채권인 2억 원을 갚더라도 내 돈 3억 원을 모두 받을 수 있습니다.

이것이 채권자가 생각하는 방식입니다. 이처럼 두루두루 경험하면 한쪽 입장에 치우치지 않고 다양하게 생각할 수 있습니다. 채권자의 이런 생각을 투자에 적용한다면 앞의 사례에서 B는 더 좋은 조건으로 대출을 받을 수도 있겠죠.

다양한 입장에 서보아야
사고가 확장한다

저는 여전히 은행에 꽤 많은 이자를 지불하는 채무자이

기도 하지만, 대부회사를 통해 이자를 받는 채권자이기도 합니다. 즉 돈을 빌려주기도 하고 빌리기도 합니다. 직접 투자도 하고 간접 투자도 합니다. 현장 조사를 직접 하기도 하지만 처음부터 끝까지 맡기기도 합니다. 급여를 받듯 월세를 받기도 하고, 매달 일정액의 급여를 주기도 합니다. 투자도 하고 사업도 합니다. 사람들에게 재테크를 가르치고 그들을 통해 배우기도 합니다.

여러 입장에 서보는 경험을 만들어보십시오. 반대편 입장에서 사람을 이해하는 일이 앞으로의 투자에 큰 도움이 됩니다.

부동산 투자를 잘하려면 사실 여러 가지 조건이 필요합니다. 숫자에 대한 감각도 있어야 하고, 투자금을 모아야 하니 자기 절제도 잘해야 하고, 중개사나 매수인과 소통도 잘해야 하니 커뮤니케이션 능력도 있어야 합니다. 이렇게 나열하면 끝이 없습니다.

이 모든 것을 갖추는 방법이 한 가지 있습니다. 바로 경험하기, 즉 직접 부딪치며 겪어보는 것입니다. 나이가 들어서 하는 경험보다 젊을 때의 경험이 더 효과적입니다. 나이가 들수록 선입견이 생기고 '안다'는 착각에 빠지기 쉬우니 새로운 것을 배울 때도 기존의 지식이 자꾸 훼방을 놓습니다. 아이와 같은 호기심과 새로운 경험을 있는 그대로 받아들이는 열린 자세가 필요합니다. 나를 부자로 만들어주는 진짜 자산은 돈이 아닌 경험입니다.

현금자산 3억의 대기업 부장과
부동산 6채의 30대 부부

투자로 돈을 버는 사람은 누구인가

누구는 부동산으로 연봉 이상을 계속 벌어들이고 새로운 투자 자금도 마련하고 있는데, 누구는 부동산으로 이제 돈 버는 시대는 끝났다고 말합니다. 이 또한 마인드의 차이입니다. 그중에는 제대로 도전해 보지 않은 이도 있고, 몇 번 해보고 아니라고 말하는 이도 있을 것입니다. 남들이 부동산으로 부자가 되었다면 질투와 의심을 할 게 아니라 그 사람의 주 종목과 노하우는 무엇인지, 어떤 노력을 어떻게 해서 돈을 벌었는지 알아보는 것이 중요합니다.

시장을 떠나는 투자자가 많아질수록 투자 환경은 더욱 좋아집니다. 부동산에 관심 없는 사람이 많을 때 기회가 있습니다. 똑같은 부동산을 어떤 이는 2억 5000만 원에 사고, 어떤 이는 3억 5000만 원에 삽니다. 다른 지역까지 분석할 시간이 없다면 가장 쉬운 아파트나 주택, 내가 사는 동네의 아파트 실거래가 및 경매로 낙찰된 사례부터 검색해 봅시다. 최저가와 최고가의 차이가 생각보다 클 것입니다.

입찰하지 않더라도 경매 법원에 가보십시오. 각각의 사연을 안고 낙찰받기 위해 치열하게 애를 쓰는 사람들의 모습을 보면 호기심이 생길 겁니다. 누구는 이런 방법을 이용해 돈을 벌고, 누구는 가치가 떨어진 집을 계약해서 원금과 이자를 내느라 평생을 허비한다는 것을 깨달을 겁니다.

연봉과 투자 수익은
비례하지 않는다

저는 직업상 많은 분을 만났습니다. 그중 대기업 부장인 C 씨는 금융자산이 3억 원 이상 되는 고소득자입니다. 골프를 좋아하고 성격도 호탕해서 몇 번 자리를 함께했습니다. 주로 해외 채권이나 주식에 투자하는데, 부동산으로 갈아타고 싶어 했습니다. 수도권의 상가와 공장에 몇 번의 경매 입찰을 했고, 지방의 건물에 근저당권 채권 매입을 통한 유입을 몇 번 시도했습니다. 하지만 지나치게 보수적으로 접근하는 탓에 실패를 반복했습니다. 결국 시간이 지나 부동산 가격이 올라가는 악순환을 반복하자 자연스레 통화 횟수가 줄었습니다.

어느 날 월세 500만 원 정도 나오는 부동산을 알아봐 달라는 연락을 받았습니다. 회사가 갑자기 안 좋아져서 구조조정 전에 희망퇴직자를 받고 있는데, 아무래도 버티기가 어려운 모양이었습니다. 그동안 고액 연봉을 받아왔음에도 사는 집을 제외하고 월세 한 푼 나오는 부동산이 없었습니다. 다행히 아껴 모은 종잣돈이 있다고는 하나, 이대로라면 조금씩 까먹을 수밖에 없는 상황이었습니다. 여기에 대학생 자녀까지 있어 걱정이 더 많은 듯했습니다.

남의 일처럼 느껴집니까? 있는 사람의 배부른 소리 같습니까? 불안한 마음은 누구든 똑같습니다. 준비된 퇴직이 아니라면 희망퇴직이 아니라 절망퇴직이 될 수도 있습니다. 아직 젊다고 생각합니까? 누구에게나 닥칠 수 있는 현실입니다.

1도만 방향을 틀어도
미래에 나의 위치는 달라진다

반면 중소기업에 다니는 P와 J를 봅시다. 이들은 30대 초반에 결혼한 동갑내기 부부입니다. 맞벌이를 하며 한 사람 분의 급여를 꾸준히 모아 5000만 원 내외로 종잣돈이 모일 때마다 부동산을 하나씩 매입해 왔습니다. 이들의 연봉을 합해도 그리 많지는 않았지만, 급여 생활자로 소득이 분명하기에 좋은 조건의 은행 대출을 적극적으로 이용했습니다.

그렇게 4년이 지나자 30대 부부가 보유한 부동산 숫자는 사는 집을 제하고도 6채나 되었습니다. 실물자산의 힘을 일찍 경험한 결과입니다. 처음에는 아내의 반대가 있었지만, 지금은 아내가 남편보다 부동산 투자에 더 공격적으로 바뀌었습니다. 이른바 '월세의 힘'을 경험하면 이렇게 변합니다. 한 사람 월급 이상의 돈이 매입한 부동산을 통해 매월 들어

온다고 상상해 보십시오. 아직 팔지 않았으므로 시세차익은 별도입니다.

제가 몇 개 정리해서 더 큰 물건에 도전하라고 해도 이 부부는 절대 팔 생각이 없다고 합니다. 시간이 지날수록 생각보다 돈이 잘 모여서 재미가 붙은 것입니다.

좋은 부동산을 살 생각에 투자를 하기 전보다 돈을 더 안 쓴다고 합니다. 충분히 공감이 가는 말이었습니다. 똑같은 3000만 원을 가지고 누구는 차를 바꿀 궁리를 하고, 누구는 월세 받는 부동산에 투자할 궁리를 합니다. 소액이라도 내가 어떻게 생각하고 활용하느냐에 따라 미래의 수입은 이처럼 크게 차이가 납니다.

주말마다 수도권의 모델하우스 등을 발품 팔아 돌아다니더니 나중에는 신도시의 10평 남짓한 1층 상가도 매입했습니다. 오피스텔, 소형 아파트로 시작한 투자 영역을 상가, 다가구주택까지 넓힌 것입니다.

여기서 중요한 점은 젊은 부부가 몇 개의 부동산을 가지고 있느냐가 아닙니다. 이들의 진짜 소득은 스스로 터득한 돈을 굴리는 방법과 부동산 투자에 대한 경험, 그리고 자신감, 미래에 대한 희망입니다. 직접 발품을 팔아서 매입한 부동산이 좋은 수익률을 보이면 자존감이 높아지고, 무엇보다 미래를 두려워하지 않습니다. 이들의 경우 아직 젊어서 정년 걱정은 없겠지만 설사 회사를 그만둬도 월급 이상의 돈이 들어오는 시스템을 만들어놓았으니, 불안할 일이 없을 것입니다.

나란히 뻗어 있는 두 평행선을 상상해 봅시다. 그중 한 선의 각도가 1도 정도 틀어지면 처음에는 눈에 잘 보이지 않습니다. 하지만 그 작은 차이는 시간이 갈수록 확연해지고, 결국 엄청난 격차로 벌어집니다. 현재 소득의 많고 적음은 그리 중요하지 않습니다. 적더라도 고정적인 수입이 있다면 한 살이라도 젊을 때 도전하십시오. 부는 연봉보다 투자 경험에 더 큰 영향을 받습니다.

투자를 방해하는 것들로부터
나를 지키는 법

투자를 해보지 않은
사람의 말에는 귀를 닫아라

아직 투자해 본 적이 없고, 부동산 공부를 처음 시작했다고 합시다. 의욕이 솟아오르고 나도 뭔가 해보고 싶다고 주변에 이야기한다면, 다들 뭐라고 할까요? 용기를 북돋우며 "그래, 너라면 할 수 있을 거야" "나는 항상 너를 응원해" "도움이 필요할 땐 언제든 말해" 이런 말을 할 사람이 얼마나 될까요? 아마도 거의 없을 겁니다.

괜히 시작해서 헛고생하지 말라거나, 주변에 누구누구 이름을 대면서 그처럼 돈만 날리고 말 거라며 겁을 줄 것입니다. 아니면 이제 시장은 끝물이라며 본인도 잘 모르면서 아는 체하며 여러 가지 조언을 해줄 것입니다. 한두 명이 그러면 무시할 수 있지만, 모두가 그러면 시작도 못 해본 사람으로서는 두려움이 커져서 아무런 행동도 할 수 없습니다. 예비 투자자들은 이런 스트레스를 의외로 많이 받습니다.

여기서 해결책은 하나입니다. 귀를 닫으십시오. 뜻이 있는 곳에 길이 있습니다. 타인의 말에 쉽게 흔들린다면 자신의 목표를 확고히 세우지 않았다는 뜻입니다. 더 많은 책과 영상을 보고 경험 있는 조언자에게 크로스체크를 하십시오.

특히 초보라서 작은 소리에도 흔들릴 때는 더욱 귀를 닫아야 합니다. 몇 년 후에 자산으로 증명하면 됩니다. 걱정을 빙자해 참견을 하려는 사람들은 안타깝게도 나의 변화를 달가워하지 않을 확률이 높습니다. 내가 부자가 되어 그들보다 멋지게 사는 것을 원치 않으니 갖은 이유를 대며 말리는 것입니다.

특히 경기가 어려워 부동산이 조만간 폭락한다거나, 일본처럼 장기불황으로 간다고 말하는 사람들을 멀리하십시오. 폭락을 예측하는 사람은 언제나 있었습니다. 그들과 쓸데없이 논쟁하고 두려워하는 시간에도 부자들은 조금씩 자산을 늘려가고 있다는 사실을 명심해야 합니다.

저도 처음에는 주위에서 부동산으로 수십억, 수백억, 수천억 원을 벌었다는 이야기를 들으면 딴 세상 이야기라고 여겼습니다. '그런 일이 있어?' 설마 하며 믿고 싶지 않았습니다. '아니, 세상에 그런 게 있으면 안 되잖아. 불공평하잖아.' 그런데 막상 해보니 부자가 되는 합리적이고 안전한 길이 실물자산 투자였습니다. 운이 따라주거나 투자 경험만 잘 쌓으면 심지어 빠르기까지 합니다.

부정적인 이야기를 하는 사람을 보면 '아, 세상엔 나와 다른 생각을 가진 사람도 많구나' 하면 됩니다. 그들과 쓸데없는 논쟁을 하거나, 그들의 말에 상처 받지 마십시오. 투자 생각만 해도 할 게 넘치는데 굳이 남을 비판하거나 끌어내릴 시간이 있습니까? 속상해할 시간이 있습니까? 그럴 시간이 있다면 책 한 권 더 읽는 게 낫습니다.

무엇보다 내 현재 상황에 따라 세상을 보게 된다는 것을 기억하십시오. 자신의 상황이 좋지 않을수록 남의 말에 쉽게 흔들립니다. 그러니 평소 명료한 의식을 유지하기 위해 책을 읽고 짧게나마 기록하는 게 좋습니다.

오랜 투자를 위해서는
멘탈에도 안전마진이 필요하다

투자를 잘하려면 휴식이 정말 중요하다고 생각합니다.

부자가 되려면 돈과 의미, 두 가지를 충족하는 일에 시간을 사용하는 데 익숙해져야 합니다. 가능하면 돈과 의미 둘 다 있는 일에서 결과를 내십시오. 차선으로 의미는 없지만 돈이 된다든가, 돈은 안 되지만 의미는 있는 일도 좋습니다. 둘 중 하나만 있어도 동기부여에는 문제가 없습니다. 하지만 돈도 안 되고 의미도 없다면 그냥 쉬는 게 낫습니다.

매일 하는 운동이 투자에도 큰 도움이 됩니다. 저는 하루라도 운동을 건너뛰면 뭔가 허전합니다. 단 10분이라도 스트레칭을 하거나 뛰거나 무거운 것을 드는 등의 운동을 하고 난 후에 사우나로 마무리해야 그날 할 일을 제대로 끝마친 기분이 듭니다.

팬데믹 때문에 평소 이용하던 피트니스 두 곳이 모두 문을 닫았을 땐 정말 큰일났다 싶었습니다. 집에서 운동하려면 상당한 의지력이 필요한데, 저는 제 의지력을 믿을 수가 없었습니다. 그래서 루틴을 지킬 수 있는 곳을 찾아다니기 시작했습니다. 하지만 아무리 검색하고 수소문해 봐도 거의 모든 피트니스가 셧다운 상태였습니다.

제가 루틴을 지키는 데 간절했던 이유는, 이것이 투자 성과에도 큰 영향을 미친다고 보았기 때문입니다.

서울의 대형 피트니스를 대부분 돌아보고 나니 정부 지침에 의해 문을 닫아야 하는 곳은 체육시설로 허가된 피트니스에 한한다는 사실을 알았습니다. 목욕시설로 허가받은 사우나 및 거기에 딸린 피트니스는 앞선 정부 지침의 적용을 받지 않더군요. 목욕탕을 강제로 폐쇄하면 장애인이나 환자 가족 등 제대로 씻을 곳이 없는 분들이 피해를 입기 때문이었습니다.

결국 목욕시설로 허가받은 여의도 메리어트호텔 내 피트니스를 찾아냈습니다. 사막에서 오아시스를 만난 느낌이었습니다. 결국 팬데믹 시기에도 저는 운동 루틴을 지킬 수 있었습니다. 사소한 일이지만 어떻게든 찾으면 방법은 있다는 것을 다시 한번 실감했습니다.

저는 항상 검토 중인 임박한 프로젝트가 있고, 진행 중인 투자 건이 있습니다. 또 회사 일도 챙겨야 합니다. 제 스케줄러에는 해야 할 일이 오전, 오후, 저녁 세 파트로 구분되어 있습니다. 하루를 세 파트로 나누면 생각보다 많은 일을 할 수 있습니다. 다만 이를 2주 이상 지속하면 지치기 마련입니다. 이때 남은 빈칸을 활용해 휴가를 갑니다.

그때는 바로 쉴 곳을 예약하고 결제까지 해버립니다. 스스로에게 강제 휴가를 주는 것입니다. 이런 휴식기는 운이 좋으면 며칠이 되기도 하는데, 그 시간 동안의 쉼은 다시 일터로 돌아가서 열심히 살아갈 힘이 됩니다.

퇴근 후에는 집에 일을 들고 가지 않습니다. 책을 보거나 사람들을 만나 스트레스를 풀거나 그저 쉽니다. 잠은 8시간은 자야 좋은 컨디션을 발휘할 수 있습니다. 한때 미라클 모닝을 해보았는데 제게는 전혀 맞지 않는 방법이었습니다. 잠을 줄이니 결국 다른 데서 손실을 입었습니다. 원할 때 자고 숙면을 취하는 방법을 쓰기로 했습니다. 이처럼 저에게는 쉬면서 회복하는 시간이 무엇보다 중요합니다.

부자들은 공통적으로 세이프티 존, 즉 안전망을 강화하려는 노력을 합니다. 소득을 늘리고 인간관계의 질을 높이고, 의미 있는 활동에 시간을 투입합니다. 기꺼이 응원을 보내주는 가족과 친구들과의 시간도 여기에 해당합니다. 특히 가족이라는 울타리를 튼튼히 하면 생각보다 많은 것을 감내할 수 있습니다.

투자라는 마라톤에는 안정된 마음이 필수입니다. 그래야 투자 결정에서 냉정을 잃지 않고 실수를 줄일 수 있습니다. 이제부터는 돈과 의미 있는 일에 시간을 집중해서 쓰는 습관을 들여보십시오. 그 외의 시간은 충분히 쉬고 회복 후 다시 집중하는 부자들의 생활 습관을 익혀보십시오. 그러면 다른 사람의 말에 흔들리는 일도 줄어들 것입니다.

빨리 시작하고
빨리 실패하라

돈을 벌지 말고 경험을 벌어라

부동산은 실제 내 돈이 들어가면서부터 진짜 공부가 시작됩니다. 경제에 대해 이것저것 아는 게 많아지는 게 공부가 아니고, 실제 내 돈을 넣고 굴려야 제대로 공부하는 겁니다. 내 돈이 일단 들어가고 나면 관심을 가지지 말라고 해도 집요하게 파고들어 수시로 상황을 확인합니다. 투자란 것이 그렇습니다. 내 돈이 들어가는 순간 더 절박해지고, 공부의 깊이가 더해집니다. 그래서 게으르던 사람도 투자를 시작하면 바뀝니다. 투자는 정말 사람을 바꾸어놓습니다.

요즘 제 투자 수업에는 대학생도 배우러 옵니다. 이 친구들은 10년 정도 지나서 30대 초반만 돼도 동년배들과는 완전히 다른 삶을 살 겁니다. 그 미래가 제 눈에는 보입니다. 수업 태도와 질문, 그리고 입찰하는 과정만 보아도 알 수 있습니다.

그들이 지금 할 수 있는 부동산 투자는 소액투자에 불과합니다. 돈을 번다기보다는 경험을 버는 것에 가깝습니다. 적은 돈을 벌고는 감사하다고 커피 기프티콘을 보내는 모습에 웃음 짓기도 합니다.

제 경험으로 보면 투자를 처음 해보고 투자 지식이 거의 없는 30대 분들이 투자를 가장 잘합니다. 40대만 되어도 이미 자신이 가진 투자에 대한 고정관념을 깨기가 쉽지 않더군요. 안전마진을 높게 두고 '최소한 2000만~3000만 원은 남아야 하는 거 아니야?'라는 생각으로 입찰을 망설입니다. 그에 비해 처음 투자를 시도하는 30대는 '단 1000만 원이라도 남겨보자' '수익보다 경험부터 쌓자' 하며 가벼운 마음으로 그러나 적극적으로 행동합니다. 이렇게 돈보다 경험을 앞에 두는 사람은 성장할 수밖에 없습니다. 실패를 해도 빨리 하십시오. 두 번째 실패 역시 빠를수록 좋습니다.

투자는 젊을수록 시작하기 좋습니다. 그런데 생각해 보십시오. 내 인생에 가장 젊은 날은 오늘 아닙니까? 이 사실을 깨달았다면 오늘부터 시작하길 권합니다. '오늘'은 투자를 시작하기 딱 좋은 날입니다.

하지 않는 선택지가 가장 최악이다

월급을 300만 원 받는 30세 직장인 A 씨가 있다고 칩시다. 그는 코인에 손을 잘못 대서 현재 자산은 오피스텔 보증금 1000만 원과 현금 1000만 원 정도가 전부입니다. A 씨는 어떻게 투자를 시작할 수 있을까요?

오늘부터 3년을 목표로 종잣돈 1억 원 모으기에 도전할 수도 있습니다. 하지만 저라면 1000만 원으로 당장 시작할 수 있는 투자와 사업을 고민할 겁니다.

간단하게 두 가지 방법이 있습니다. 먼저 1억 원짜리 부동산을 찾습니다. 풀 레버리지를 받아서 9000만 원을 대출받고, 1000만 원으로 그 부동산을 삽니다. 이건 모험의 영역이고 제가 바닥에서 일어섰을 때 쓴 방법입니다. 의지가 있다면 얼마든지 가능하지만 모험이 두려운 사람이라면 다른 방법도 있습니다. 에어비앤비 등 공간대여업, 온라인 판매 등 무자본 창업에 도전하는 것입니다.

사실 1000만 원으로 투자할 곳을 찾는 게 쉽지는 않습니다. 2023년 7월 현재 경매로 나온 것 중에서 전국에서 싼 아파트를 찾아보면 경북 경주시 안강읍에 위치한 24평형의 협성산대 아파트가 감정가 2800만 원에서 1회 유찰되어 1960만 원까지 떨어져 있습니다. 전세가격이 최소 감정가 이상이니 낙찰 후 전세를 놓으면 실투자금은 없거나 수백만 원에 불과합니다. 천안시 서북구의 청호7차 아파트는 감정가 4500만 원이지만 1회 유찰되어 3570만 원에 진행 중이며, 충북 청주시 서원구 남이면의 삼포 아파트는 감정가 4500만 원, 최저가 1200만 원에 경매가 진행 중입니다.

더 저렴한 아파트도 있습니다. 충남 서산 인지면의 송림 아파트는 감정가 2300만 원에 최저가가 1610만 원이고, 충북 보은 마로면 조일 아파트는 감정가 1470만 원에 최저가는 1180만 원입니다. 물론 모두 권리상 하자가 없는 물건들입니다.

2023년 7월, 경북 구미시 형곡동의 한 아파트는 감정가 3000만 원에서 시작해 2회 유찰 후 1680만 원에 낙찰되었습니다. 낙찰가는 전세가보다 낮습니다.

다만 저가 아파트 갭투자는 환금성이 약하다는 리스크가 있습니다. 그렇다고 리스크가 두려워 가만히 있으면 확정적으로 실패라는 사실을 기억하십시오. 저라면 도전을 택하겠습니다. 돈이 없다는 등의 이유로 해보지도 않고 포기하는 것보다 전세가 이하로 낙찰받는 방법으로 안전마진을 최대한 확보해 부딪쳐볼 겁니다. 뭐든 해봐야 성공 확률이 1%라도 생깁니다.

사업이든 투자든 제대로 한다면 은행 예금보다 높은 수익률을 얻을 수 있습니다. 더 중요한 건 하나씩 거래할 때마다 경험이 쌓이고 깨달음을 얻을 수 있다는 것이지요.

인생을 바꾸고 싶다면
환경을 바꿔라

여기서 최악의 상황을 한번 가정해 보겠습니다. A 씨가

이런 식으로 여러 채를 사다가 자금이 모자라서 오피스텔 보증금까지 손을 대야 하는 상황이라면? '이제 나는 어디서 살아?'라고 한다면?

독하게 투자할 마음이 있다면 부모님 집에 2~3년 얹혀살 거나 극단적이지만 고시원에 들어가는 방법도 있습니다. 아직 젊다면 절박한 환경에 스스로를 몰아넣는 것도 방법이니까요.

저는 인간의 의지를 믿지 않습니다. 불편함을 느끼지 않으면 성장은 멈춥니다. 연초마다 작심삼일로 무너지는 사람들이 많은 이유가 무엇이겠습니까? 나라고 다르겠습니까? 자신의 의지를 믿지 말고 환경을 절박하게 만드십시오. 사람은 웬만해선 변하지 않습니다. 모처럼 결심했다면 실천할 수밖에 없는 환경을 만드십시오.

방금 든 예는 다소 극단적인 방법입니다. 이런 투자 방식이 좋다는 게 아니라 어떻게든 방법은 찾으면 있다는 말씀을 드리는 겁니다. 가만히 있으면 아무 일도 일어나지 않습니다. 뚜렷한 투자 계획이 있고 그것을 위해서 종잣돈을 모은다면 의미가 있지만, 막연하게 돈을 좀 모은 다음에 뭔가를 해보겠다고 생각만 하는 중이라면 오늘부터는 종잣돈에 대한 개념을 바꾸셔야 합니다.

종잣돈은 먼 미래의 불분명한 목표액수가 아닙니다. 종잣돈을 모으는 것 자체가 투자가 되어야 합니다. 그 방법이 안전한 적금이 될 수도 있지만 공격적인 투자가 될 수도 있습니다. 그리고 종잣돈에는 물질적인 돈뿐만 아니라 마음가짐, 즉 지금 바로 하게 만드는 '동기부여'도 포함됩니다. 여러분은 마음의 종잣돈이 준비되어 있습니까?

3장

부는 안전지대
바깥에 있다

●

초보 투자자에게는 무조건 도전하는 횟수를 늘리라고 강조합니다.
그래야 대수의 법칙에 따라 투자의 성공 확률이 높아지고 부자가
되는 속도도 빨라집니다. 꾸준히 현장을 다니고 중개사와 소통하
다 보면 자신만의 안목과 문제 해결 능력이 생깁니다.

소수가 가는 길을 따라야
내 몫이 커진다

투자를 해본 적도 없는
30대 직장인이 상가를 사다

2022년 8월, 왕초보 30대 직장인 수강생이 파주에 위치한 상가를 낙찰받았습니다. 현황조사서에는 월세가 50만 원이라고 나와 있었는데 이상했습니다. 롯데리아가 입점된 건물에 40평짜리 상가 월세가 50만 원이라니요. 역시 현장에 가보니 답이 있었습니다. 무슨 이유에서인지 현황조사서에 잘못 기재되어 있었고 실제 월세는 80만 원이었던 것입니다. 월세 30만 원은 곧 연소득 360만 원이니 수익률로도 매우 큰 차이가 나는 금액입니다. 이를 매매가에 적용하면 최소 수천만 원 이상 영향을 줍니다.

심지어 이 상가는 한 번도 유찰되지 않은 신건이었고, 수강생은 단독 입찰해 1억 5000만 원에 낙찰받았습니다. 아마도 다른 투자자들은 유찰되면 들어갈 생각이었겠지요. 일반적으로 사람들은 경매 감정가에서 가격이 내려가야 관심을 보입니다. 그러나 저는 가처분 같은 선순위 권리나 유치권 등이 걸려 있는 특수 물건이 아니라면 유찰이 많이 될수록 입찰하지 않습니다. 그저 낙찰 결과를 데이터로 활용하기 위해 볼 뿐입니다.

제가 단기간에 수십 건의 경매 물건을 살 수 있었던 이유 중 하나는 바로 단독 입찰이었습니다. 특히 월세가 나오는 수익형 부동산은 경매 정보 사이트에 적혀 있는 월세나 보증금과 다른 경우가 많습니다.

그 수강생이 상가를 입찰하는 데 들인 실투자금은 약 3000만 원이었습니다. 나머지는 금리 5.5% 정도로 대출을 받았습니다. 잔금 처리 후 곧바로 보증금 1000만 원에 월세 80만 원으로 브랜드 학원과 임대차계약을 맺었습니다. 대출이자를 제하면 월 30만 원이 들어오니 3000만 원 투자로

12% 수익률을 얻은 것입니다.

1. 연소득: 월 30만 원 × 12개월 = 360만 원
2. 수익률: 360만 원 / 3000만 원 = 12%

사실 수강생은 100% 대출받은 것과 다름없었습니다. 부모님이 월세 계약까지 마친 상가를 보고는 3000만 원을 빌려주었기 때문입니다. 결국 의지와 결과물이 있으면 돈은 어떻게든 만들 수 있습니다. 하지만 50명한테 이런 이야기를 하면 직접 찾아보고 현장에 가서 조사하는 사람은 한두 명뿐입니다.

금리가 높아진 최근에는 대출 금리가 높다고 투자를 포기하는 경우도 많습니다. 그런 분들에게 저는 말합니다.

"월세에서 대출이자를 빼고도 수익이 남는 물건에 투자하면 됩니다."

이렇게 알려줘도 대부분 딴 나라 이야기처럼 듣습니다.

'투자를 해본 적이 없는데 내가 할 수 있을까?'

'지금 내 통장에 3000만 원도 없는데?'

'1억 넘게 대출을 받아야 한다고? 미쳤군!'

부자가 되려면 다르게 생각해야 합니다. 소수만 얻는 결과를 얻으려면 소수가 하는 일을 해야 하고요. 당장 돈이 없지만 낙찰받고 나면 도와줄 사람이 분명 생길 거라고, 어떻게든 돈을 구할 수 있을 거라고 믿어야 합니다.

낙찰 영수증으로 돈을 빌리는 사람이 정말 있을까요?

있습니다! 제가 그랬으니까요. 시세보다 싸게 산 게 분명하거나 월급이나 사업소득, 임대소득으로 이자를 낼 수 있음을 증명하면 잔금은 얼마든지 구할 수 있습니다.

변하고 싶다면 절실해질 환경을 만들어야 합니다. 행동하지 않고 생각만 하는 사람들은 언제쯤 나한테 큰돈이 생길지 계산만 하다가 아까운 기회를 놓치고 맙니다.

하지만 이런 방식을 무조건 강요할 수는 없습니다. 덜컥 계약(혹은 낙찰)해 놓고 잔금을 못 구하면 손실은 결국 투자자 자신이 떠안아야 하니까요. 리스크를 안을 용기가 있는 사람만이 경험치를 쌓고 부자가 될 수 있습니다.

멀리서 저를 찾아오는 분들에게는 더 강하게 투자를 권합니다. 그만큼의 행동력이 있다는 의미이니까요. 어느 정도 이론 공부를 했다면 돈을 안 벌어도 되니까 일단 좀 실행해 보라고 말입니다.

앞서 소개한 수강생은 30대 직장인으로 월세는커녕 투자 자체가 생전 처음인데, 남들이 쉽게 하지 않는 상가로 시작했습니다. 상가 투자는 리스크가 크기에 초보 투자자에게는 추천하지 않지만, 이 경우는 경험을 쌓고 투자에 대한 두려움을 깨는 첫 투자로 좋은 사례라고 생각합니다.

그분도 한번 해보고 나서는 '이렇게 돈을 버는구나' 하고 깨달았다고 하더군요. 그러고는 바로 두 번째 상가를 매입했습니다. 이렇게 투자 경험이 생기면 다음 스텝은 좀 더 쉽게 나아갈 수 있습니다.

투자 경험이
다음 투자를 부른다

"행동으로 옮기는 게 쉽지 않아요."

"저는 실천이 힘들어서요."

아무리 경험만이 살길이라고 이야기해도 사실 열에 여덟 아홉은 이렇게 말하며 힘들어합니다. 의지나 실행력이 좋은 사람은 매우 드문 편입니다. 특히 인간의 손실 회피 편향은 강력합니다.

갑작스러운 해고처럼 예기치 않게 환경이 바뀌지 않은 다음에야, 또는 자발적으로 어떤 특수한 환경에 스스로를 몰아넣지 않은 다음에야 사람은 원래 습관을 바꾸지 않기 위해서 발버둥을 칩니다.

이렇게 변화가 힘든 사람들은 어떻게 해야 할까요?

간접 경험을 먼저 해보십시오. 내가 원하는 길을 앞서 걸어간 사람을 만나 조언을 구하고 그들의 이야기를 직접 듣는 게 가장 좋습니다. 하지만 주변에 그런 사람이 없는 경우가 많고, 무턱대고 모르는 이에게 도움을 구하기도 쉽지 않습니다.

이럴 때는 책이 큰 도움이 됩니다. 한 분야의 책을 10권 정도 사서 읽어본 적이 있나요? 우리가 해결하려는 문제의 90% 이상은 책에 그 답이 있습니다. 그것을 너무 쉽고 빠르게 손에 넣으려 하니 어려운 것입니다.

등기부도 잘 모르던 초보자임에도 일주일에 3건을 연속으로 낙찰받은 분이 있었습니다. 알고 보니 제가 잘 가르친 게 아니라 다독을 해온 덕분이었습니다. 많은 양의 독서를 통해 이미 지식과 마음의 준비가 된 상태였고, 첫 투자의 허들을 쉽게 넘을 수 있었습니다.

'초보도 할 수 있는 거면 나도 할 수 있겠는데? 별거 아니네' 하고 생각해야 합니다. 아니면 믿는 구석이라도 있어야 합니다. 여기서 믿는 구석은 지식(정보), 경험, 사람을 뜻합니다. 이런 것들이 투자에 확신을 줍니다. 그 분야의 멘토가 있으면 좋겠지만 없어도 괜찮습니다. 책(다독)을 통해 해결할 수 있습니다. 우선 관련 책 10권만 읽어보십시오. 그러고 나면 내 돈을 던질 수 있는 자신감이 생깁니다.

간접이든 직접이든 결국 경험이 나를 변화시킵니다. 또다시 투자를 하고 싶게 만듭니다. 한 번에 큰 효율성, 이익만 따지면 행동에 제약이 생깁니다. 경험을 우선순위에 두고 효율성과 이익은 차선에 두어야 합니다. 솔직히 첫 투자에는 괜찮은 수익이 나기 어렵습니다. 실물자산, 즉 등기만 남을 수도 있습니다. 그러나 돈 주고도 못 사는 자신만의 경험이 생깁니다. 그 경험이 다음 스텝으로 나아가게 하는 힘이 됩니다.

빌라 다음에 가장 어렵다는
모텔에 투자하다

2022년 5월, 30대 중반의 투자자는 첫 투자로 서울의 화곡동 빌라를 낙찰받았습니다. 그것도 위반건축물로 등재돼 있는 이른바 '근생빌라'였습니다. 근생빌라는 임차인 입장에서 전세자금대출이 불가능하고 주차 공간이 없는 경우도 많아 전세로 내놓기가 매우 어렵습니다. 그래서 전문가들도 아예 패스하곤 합니다. 게다가 위반건축물에는 매년 이행강제금도 붙습니다.

이러한 사항을 알려주고 다음과 같이 덧붙였습니다.

"투자는 하고 싶은 데 돈이 부족하다고 하셨죠? 요즘 전세가 쉽게 나가지 않는 것은 어느 빌라나 비슷합니다. 이럴 때 역발상을 해야 합니다. 근생빌라는 세금 계산을 할 때 주택 수에 포함되지 않고 대출도 일반 빌라보다 훨씬 잘 나옵니다."

서울에서 빌라의 대출 한도는 낙찰가의 40%이지만 근생빌라는 주택에 포함되지 않기에 최대 80%까지 대출받을 수 있습니다. 그러니 종잣돈이 적으면 생각을 달리해서 입찰해 보라고 권했습니다.

이 빌라가 위반건축물이라는 건 이미 알려져 있는 정보이니 더 이상 리스크가 될 수 없습니다. 겉으로 보기에 리스크가 높다고 느껴질수록 경쟁자가 줄어드는 효과가 있습니다. 그러니 리스크를 사전에 알고 입찰하면 그만큼 싸게 입찰할 수 있습니다.

결과적으로 위반건축물이라고 아무도 입찰하지 않았고 단독 낙찰이 되었습니다. 혼자 덜컥 낙찰받은 걸 알고 나면 초보자들은 굉장히 큰 두려움을 느낍니다. 그 두려움을 이겨낸 결과 그 수강생은 실투자금 3000만 원으로 서울에 땅을 가진 임대인이 되었습니다.

포항에서 서울까지 KTX를 타고 왔다 갔다 하면서 초보임에도 명도, 임대차 등 행정 처리를 혼자서 해냈습니다. 그러고 나서 저에게 이렇게 외치더군요.

"이제 알겠어요, 대표님!"

이 경험으로 자신도 투자를 할 수 있음을 배웠다고 했습니다. 사실 빌라 투자의 수익은 그리 크지 않았습니다. 월세 80만 원에서 대출이자 60만 원을 빼면 20만 원이 남았으니까요. 하지만 그 투자 경험이 부의 발판이 되리라 저는 확신합니다.

4개월 뒤에 그분에게서 다시 전화가 왔습니다.

"대표님 어떡해요! 저 또 사고 쳤어요!"

이번에는 집 근처에 있는 2억 중반대의 소형 모텔을 덜컥 낙찰받았다는 겁니다. 제가 모텔 경매를 많이 해봤으니 수강생들한테도 할 수 있다고 알려준 적이 있습니다. 초보 투자자가 손대는 분야는 아니었기에 모텔을 낙찰받았다는 말에 저도 깜짝 놀랐습니다. 이따금 이렇게 좋은 의미에서 사고를 치는 사람이 나타납니다. 그분을 보면서 저는 속으로 생각했습니다.

'장담하건대 이런 사람은 앞으로 건물주가 된다!'

이것이 사고의 한계를 확장시킨 결과입니다. 이런 분들은 사고만 치고 해결하지 못할까요? 아닙니다. 저도 사고를 쳐보니 결국 최선이 아닌 차선책이라도 찾을 수 있었습니다. 문제를 피하지 않고 해결하는 데만 정신을 쏟는다면 그 문제는 더 이상 장해물이 되지 않습니다. 그리고 하나의 문제를 해결하면 투자자로서의 능력은 한 단계 높아집니다. 이렇게 실행하는 사람이 많이 나오고, 그들의 삶이 바뀌는 것을 돕는 게 요즘 제 목표 중 하나입니다.

부의 기회는
한 번만 오지 않는다

투자는 많이 할수록 무조건 이긴다

초보 투자자는 대수의 법칙을 잊지 말아야 합니다. 대수의 법칙이란 똑같은 행위를 많은 횟수로 반복했을 때 나오는 결과를 말합니다. 500원 동전을 던져서 학 모양이 나오는 경우나 숫자 500이 나올 확률은 2분의 1이지만 10회 던지면 어느 한 면이 훨씬 많이 나올 수 있습니다. 하지만 동전 던지기를 100회 한다면 앞면과 뒷면이 나올 확률은 2분의 1에 근접해집니다.

저는 초보 투자자에게 처음에는 무조건 도전하는 횟수를

늘리는 게 중요하다고 강조합니다. 투자는 하면 할수록 리스크가 줄어듭니다. 돈의 가치는 계속 하락할 것이고, 경험을 통해 더 많은 것이 보이기 시작하기 때문입니다. 꾸준히 입찰하고 현장을 다니고 중개소 담당자와 소통하다 보면 자신만의 안목과 문제 해결 능력도 생깁니다. 그러면 성공 확률은 높아지고, 부자가 되는 속도도 빨라집니다.

포기하지 않는 자에게
부는 따라온다

경매 투자에서는 낙찰될 때까지 입찰하는 겁니다. 만약 누군가가 "계속 패찰하는데 어떡하죠?"라고 한탄한다면 저는 되묻습니다.

"5번 이상 연속으로 패찰해 보셨나요?"

이 질문에 "네"라고 자신 있게 대답할 수 있는 사람은 거의 없을 겁니다. 만약 그렇다면 이미 좋은 태도를 가졌으므로 부의 길로 접어들었을 테고요. 한 수강자는 무려 11번 연속 패찰을 했지만 12번째에 낙찰을 받아냈습니다. 이런 자세를 가진 사람이라면 부자가 될 수밖에 없습니다. 당연하게도 이 수강생은 현재 10여 채의 부동산을 가진 자산가가 되었습니다.

누구나 마음먹기는 쉽습니다. 하지만 실행하기는 쉽지 않습니다. 부자는 실행하는 사람입니다. 아직 시작조차 하지 않았다면 적어도 사기를 당하거나, 잘 모르고 사서 손해를 본 적은 없으니 아주 좋은 출발입니다. 지금부터 하면 됩니다. 관심의 우선순위를 부동산 등 재테크로 바꿔보십시오. 계속 떨어지는 작은 물방울이 바위를 뚫듯 작은 변화가 계속되면 기회는 반드시 찾아옵니다.

초보 투자자는 시작도 어렵지만, 한두 번 동전을 던져보고 실망해서 포기하는 경우도 많습니다. 대다수 직장인이 한 달 일해서 수백만 원을 버는데도 책이나 방송에 나오는 수억을 벌었다는 성공 사례만 듣고 수익 1000만 원을 너무 쉽게 생각합니다. 돈 버는 일이 그렇게 쉽다면 왜 1000만 원도 안 되는 월급을 받으면서 회사에 다니겠습니까?

원하는 성과는 한 번 도전한다고 얻을 수 없습니다. 반복되는 실행 과정이 뒷받침되어야 합니다. 지루한 과정일지라도 계속 나아가야 합니다.

대박 욕심에 망설일 때
누군가는 진짜 돈을 번다

빠른 사이클로 수익을 확정하라

2023년 4월에 제게 경매를 배운 한 30대 직장인이 강동구 길동에 위치한 빌라를 1억 8000만 원에 낙찰받았습니다. 생애 첫 투자이자 첫 입찰의 결과였습니다. 500만 원을 들여 수리한 뒤 2억 1000만 원 정도에 전세로 내놓는 계획을 세우고 있었습니다. 그러면 자기자본금 없이 부동산을 보유하는 셈이고, 초역세권이라 나중에 시세차익을 기대할 수도 있었습니다.

그런데 변수가 생겼습니다. 같은 단지의 아파트가 2억

1000만 원에 급매로 나온 것입니다. 급매와 같은 가격에 전세를 내놓는다고 한들 누가 전세로 들어오려고 하겠습니까? 직장인은 크게 당황해 저에게 도움을 요청했습니다.

첫 도전이니 너무 욕심 부리지 말고 1000만~1500만 원이라도 남기고 바로 팔라고 조언했습니다. 첫 투자에서 세금을 떼고도 한두 달 만에 1000만 원 정도 벌었다면 잘한 것이라고 덧붙였습니다.

더 큰 수익을 기대한다면 급매보다 낮은 가격에 전세를 놓고 2년 후의 시세차익을 노리는 방법도 있습니다. 다만 이때는 명의가 묶이는 리스크가 있습니다. 명의를 사용하면 청약 점수에 영향을 미치거나, 취득세·양도세 중과 등 다른 주택에 투자할 때 고려해야 할 요소가 늘어납니다.

대출을 받고 월세를 놓아 임대보증금을 높게 받는 방법도 있습니다. 선순위 대출이 있더라도 법적으로 전액 보장받을 수 있는 보증금 한도 내로 설정하면 됩니다(서울 기준 5500만 원). 이렇게 잔금대출을 최대한 받고 임대보증금을 회수하면 재투자를 할 수도 있습니다. 하지만 이후 정말 필요할 때 대출받기 어려울 수 있습니다. 대출이 있는 것만으로 대출금액의 기준이 되는 총부채원리금상환비율(DSR)의 한도가 줄어들기 때문이지요. 여기서 명의 사용과 기존 대출은 투자에 있어 기회비용에 해당합니다.

투자의 기회비용을
계산하라

초보 투자자 시절에는 가격 대비 가치가 높은 부동산을 골라 사기 힘들기 때문에 경험을 위한 투자를 하는 게 맞습니다. 그때 열심히 매입한 부동산들을 살펴보면 속된 말로 재활용품 수집가처럼 보이기도 합니다. 물론 이 시기는 기초와 바닥을 다지는 꼭 필요한 과정입니다. 하지만 결국 장기적으로 보유할 부동산에 투자해야 합니다.

다만 부동산 투자는 다른 투자와 달리 대출, 명의, 세금 등 기회비용이 있으니 이런 점을 고려해야 합니다. 어떤 선택을 하든 장단점이 있습니다. 그래도 투자를 시작했으니 이런 고민도 할 수 있습니다. 시작도 하지 않으면서 미리 세금 걱정부터 할 필요는 없습니다. 하지 못할 이유를 만들 시간에 해야 할 이유를 찾으십시오.

대출이 많다고
100억 부자를 걱정할 텐가

위험한 건 대출이 아니라
투자할 시도조차 하지 않는 것

"대출이요? 저는 대출 없어요."

아직도 이렇게 당당하게 이야기하는 사람이 많습니다. 자신은 대출 같은 위험한 짓은 하지 않는 안정적인 재무구조를 가진 사람이라는 뜻이 내포되어 있습니다. 마찬가지로 대출을 받는 것에 몸서리치는 사람도 많습니다.

"저는 대출받는 건 싫어요. 갚을 자신도 없고요."

투자는 해야겠다면서 종잣돈도 없고 대출도 싫다면 무슨

돈으로 투자하겠다는 말입니까?

지금이야 대출에 대한 인식이 많이 달라졌지만, 5~6년 전까지만 해도 제가 부동산을 살 때마다 낙찰가의 80~90%까지 대출을 받는다고 하면 이상한 사람 취급을 받았습니다. 그러다 큰일 난다며 걱정 아닌 걱정도 들었습니다.

그런데 저는 오히려 대출이 없는 상황에 안심하며 투자할 시도조차 하지 않는 그들을 걱정했습니다.

월급과 같은 고정소득이 있는데도 대출받는 것을 두려워하는 분이 생각보다 많습니다. 아직도 이런 사람이 많다는 데 놀랐습니다. 하지만 그들 역시 대출을 받아 투자하는 저를 위험하거나 이상하게 보는 건 마찬가지입니다. 이는 가치관의 차이입니다.

특히 요즘 시대에는 금수저가 아닌 이상 대출받지 않고 부동산 투자를 시작하기 힘듭니다. 이미 많은 사람이 이 사실을 알고 있지만 여전히 대출을 무서워합니다. 부동산으로 부자가 되기를 바란다면 대출에 대한 생각을 완전히 바꿔야 합니다. 무조건 대출받으라는 것이 아닙니다. 먼저 대출에 관한 개념부터 다시 잡아보시죠.

레버리지로
투자의 벽을 뛰어넘어라

2023년 5월 한 수강생이 신분당선 동천역에서 도보 1분 거리의 오피스텔을 매입했습니다. 약 1억 6700만 원에 낙찰받아 무려 140만 원의 월세를 받고 있습니다. 수익률은 9.6%에 달합니다. 실화냐고요? 그렇습니다. 이 분은 대출금리가 높다고 가만히 있지 않았습니다. 이때 대출은 낙찰가의 80%를 받았습니다.

이처럼 부자가 되려면 풀 레버리지를 두려워하지 말아야 합니다. 실투자금이 적게 들어갈수록 남은 자금으로 더 좋은 투자 기회를 잡을 수 있기 때문입니다. 흔히 부동산 투자자는 한 채씩 매수할 때마다 '집이 하나 더 생겼다'며 기뻐할 것 같지만, 꼭 그렇지만도 않습니다. 제일 먼저 드는 생각은 오히려 '이제 진짜 돈 없네'입니다. 그만큼 새로운 투자를 할 때마다 가용자금을 최대한 끌어모으기 때문입니다.

다만 레버리지는 확신이 있을 때 써야 합니다. 그 확신을 위해 손품과 발품을 파는 것입니다. 운에 맡기는 레버리지는 오래가지 못합니다. 돈이 없는데도 머리를 짜내서 또 한 채를 사고 있다면 비로소 부자가 되는 길로 들어선 것입니다. 이런 사람들이 몇 주, 몇 달을 분석하고 현장을 다니다 보면 무수히 많은 매물 중에서 진짜배기가 "제발 저를 데려가주세요!" 하는 외침을 들을 수밖에 없습니다.

투자를 못 하는 이유는 돈이 없어서가 아니라 확신이 없기 때문입니다. 가슴 뛰는 매물을 발견하거나 돈이 되는 정보가 귀에 들어오면 저는 어떻게 해서든 자금을 마련하려고 머리를 짜냈습니다. 매달 상환해야 할 이자를 계산한 후 부동산에서 나오는 월세가 이자보다 크거나 월급이나 사업 수익으로 감내할 수 있다면 무조건 입찰하거나 매입했습니다.

간혹 매우 높은 이자율로 돈을 빌릴 때도 있는데, 이런 과감한 투자는 1년 미만의 단기 투자를 할 때입니다. 이때는 이자율의 높고 낮음이 의미가 없습니다. 억 단위로 돈을 벌 수 있는데, 고작 이자 몇백만 원을 아까워하면 되겠습니까?

부동산 초보라면 풀 레버리지라는 말만 들어도 가슴이 벌렁벌렁할 수 있습니다. 틀을 깨야 합니다. 부동산 투자를 하면서 금융(금전의 융통)에 대한 틀을 깨지 못하면 발전을 기대하기 어렵습니다. 물론 아무것도 모르는 초보자가 대박을 노리며 뛰어드는 건 위험합니다. 그러나 경험이 쌓일수록 기회를 알아보고 과감히 행동할 수 있습니다.

한동안 지방 아파트와 수도권 오피스텔에 대한 무피 투자가 유행했습니다. 매매가 1억 원인데 전세가가 1억 500만 원이라면 취득세를 감안해도 내 돈 안 들이고 투자할 수 있습니다. 하지만 초보 투자자들은 계약을 위해 계약금을 융통하고 대출을 받는 과정 자체를 힘들어합니다. 반면 그 벽을 깬 사람들은 경험이 있으니 그걸 발판 삼아 다음 스텝으로 계속 나아갑니다. 그 벽을 깨고 도전하지 않으면 리스크 걱정만 하며 제자리걸음을 할 수밖에 없습니다.

투자의 고수는
레버리지의 고수다

제가 아는 부자들은 모두 레버리지의 달인들입니다. 달러 투자로 유명한 박성현 대표는 실제로 90%를 대출받아 건물을 매입했고, 시세는 3배나 올랐습니다. 이를 담보로 다시 달러와 엔화에 투자했습니다. 이처럼 레버리지 선순환을 만들어내는 게 고수의 특징입니다.

저 역시 풀 레버리지로 투자를 합니다. 실투자금을 최소화해야 다음을 기약할 수 있기 때문입니다. 2016년까지만해도 첫 책에서 풀 레버리지는 필수이며 가만히 있으면 비참해질 수 있다고 적었다가 안 좋은 소리를 많이 들었습니다. 지금이야 고개를 끄덕이는 분도 많겠지만, 당시엔 제 주장이 불편하다는 리뷰를 어렵지 않게 찾을 수 있었습니다.

대출에도 좋은 대출과 나쁜 대출이 있습니다. 5%의 이자로 돈을 빌려 10%의 수익을 얻는다면 좋은 대출입니다. 또한 배움이나 사업 확장을 위한 것도 좋은 대출에 속합니다. 돈이 없다고 배움을 포기해서는 안 되니까요. 그래서 부자는 좋은 대출을 받으려고 노력합니다.

1. 포지티브론(positive loan): 배움, 사업 확장, 투자 기회, 내 집 마련 등 원하는 미래를 실현하기 위한 대출
2. 네거티브론(negative loan): 사치품, 자동차 구매 등 감가상각이 되는 소비재에 사용하는 대출

이처럼 시간이 지날수록 오르는 상품은 기꺼이 레버리지를 활용하지만, 시간이 지나며 감가되는 상품은 레버리지를

전혀 사용하지 않습니다. 자동차 두 대를 살 때 2억 원 이상을 일시불로 결제한 적도 있습니다. 스마트폰도 마찬가지입니다. 2년 동안 내야 하는 이자 20만 원이 아까운 게 아니라 투자가 아닌 단순 소비를 하는 데 6%대의 이자를 내는 것은 낭비라고 생각하기 때문입니다. 그래서 현금으로 살 수 있는 여력이 안 되면 구매를 미룹니다.

반대로 대출을 훨씬 많이 받아야 하는 1억 원짜리 오피스텔을 매입할 때는 80% 이상의 대출을 받기 위해 여러 은행을 돌며 최대한도를 알아보고 비교합니다. 실투자금이 2000만 원 들어가는 것과 3000만 원 들어가는 것은 레버리지 수익률에 큰 차이가 있기 때문입니다. 투자를 잘한다는 것은 수익률을 구하는 공식에서 분자값(수익금)은 높이고 분모값(실투자금)을 낮춘다는 의미입니다.

남의 돈으로
내 돈을 번다

레버리지는 반대의 입장에서도 생각할 수 있습니다. 앞에서도 말했지만 저는 대부법인을 운영합니다. 6%대로 신용 혹은 담보 대출을 받아 12%로 대출해 주기도 합니다. 이는 돈이 필요한 채무자와 좀 더 높은 수익을 올리려는 채권자 간의 이해관계가 맞아떨어질 때 이루어지는 거래입니다. 시중은행 역시 같은 역할을 하고 있으며, 중앙은행의 기준금리와 개인 혹은 법인에게 적용되는 대출금리 간의 예대마진이 주된 수입원입니다.

투자자(채권자)에게 돈은 재고(stock) 개념입니다. 투자자 입장에서는 재고를 쌓아두지 않고 돈을 굴리는 게 이익이고, 채무자 입장에서는 필요한 곳에 자금을 쓰는 게 이익입니다. 또한 이렇게 끊임없이 돈을 흐르게 하는 것이 자본주의 시스템이 작동하는 방식이기도 합니다.

우리는 적든 많든 매달 은행, 통신사, 카드회사 등에 이자를 납부합니다. 반대로 이자를 받을 수도 있다는 생각을 해보십시오. 시중은행이 하지 못하는 역할을 우리가 대신 할 수도 있습니다. 사고의 지평을 넓힐 때 고정소득은 늘어나고 경제적 자유에 다가설 수 있습니다.

왜 부자는
신용관리에 깐깐한가

신용관리는 투자자의 제일 덕목이다

부동산은 고가의 상품입니다. 웬만해서는 대출받지 않고 살 수 없습니다. 좋은 부동산이 눈앞에 나타났는데, 대출을 못 받아서 살 수 없다면 부자가 될 기회는 사라집니다. 자본주의 사회는 돈이 돈을 만드는 구조입니다. 부자일수록 원하는 부동산을 매입하려고 대출을 잘 받기 위해 갖은 노력과 수단, 방법을 가리지 않습니다.

그 노력이란 두 가지입니다. 하나는 소득을 늘리기 위해서 자신의 몸값을 최대한 올리는 것입니다. 나머지 하나는 신용등급을 높게 유지하는 것입니다.

은행이 돈을 빌려주는 조건은 '신용'입니다. 신용은 빚을 갚을 수 있는 능력에 따라 등급이 정해집니다. 등급이 낮을수록 대출금리는 우량등급과 2배 이상 차이가 납니다. 같은 3억 원을 빌려도 누구는 이자비용으로 월 100만 원을 내고, 누구는 200만 원 이상을 내야 합니다. 시간이 갈수록, 차입금이 커질수록 이자비용은 엄청나게 벌어집니다. 신용이 곧 돈인 이유입니다. 저는 대출금의 단위가 커서 이자율 0.1% 차이도 크게 와닿습니다. 그래서 무조건 신용등급을 1등급으로 유지하려고 노력합니다.

자본주의 사회에서 대출은 개인에 대한 평가지표입니다. 그러므로 좋은 신용 상태를 유지해서 내가 필요할 때 언제든 최적의 조건으로 원하는 만큼의 돈을 빌려서 투자할 수 있는 상태가 되어야 합니다.

제가 보기에 '대출받는 것은 위험하다'는 생각이 가장 위험합니다. 대출은 결코 두려워할 대상이 아닙니다. 진짜 두려워해야 할 것은 필요할 때 그만큼의 돈을 빌릴 수 없는 신용등급의 하락입니다.

대출을 받는 데도
순서가 있다

지인이 낙찰 후 잔금을 치르려고 미리 알아둔 은행에서 대출을 받으려고 할 때였습니다. 은행에서는 대출이 불가하다고 통보했습니다.

"네? 갑자기 대출이 안 된다니요? 뭐가 문제죠?"

알고 보니 3~4개월 전 캐피털에서 신용등급에 어떤 영향도 없을 거라는 말만 믿고 5000만 원을 대출받았던 것입니다. 당시에 매입하려던 부동산이 있었는데 불발되는 바람에 대출받은 돈을 그대로 갖고 있으면서 이자만 내고 있었다고 합니다. 그런데 정작 낙찰받은 부동산으로 은행에 대출 신청을 했더니 불가하다는 통보를 받은 것입니다. 보증금 수천만 원을 날릴 위기였습니다.

대출에서 중요한 건 기존 대출액과 신용등급입니다. 대출받는 데도 순서가 있습니다. 일단 시중은행(국민·신한·우리·하나은행 등)을 먼저 이용해야 합니다. 그다음 농협(중앙회와 지역농협은 다름), 수협, 신협, 새마을금고, 저축은행 등의 순서로 가야 합니다.

저는 저축은행에서 사업자담보대출 등의 상품으로 부동산 시세의 90%까지도 받은 적이 있습니다. 한도를 높게 적용받았음에도 생각보다 금리가 높지 않아 투자할 때 유용하게 사용하는 편입니다. 다만 시중은행에서 빌릴 수 있는 한도와 신용이 있는데 먼저 저축은행부터 가는 것은 옳지 않습니다. 신용등급에도 영향이 있고 금리 차이가 많이 벌어지니 주의해야 합니다.

저는 제1금융권부터 대부업체까지 실제로 돈을 다 빌려 보았습니다. 심지어 먼 친척은 물론, 지인들에게도 자금을 융통해 보았기에 대출로 따지면 끝까지 가본 셈입니다.

2012~2014년에는 보험사에서도 돈을 빌렸습니다. 보험사에서는 낙찰받은 부동산이나 그동안 납입한 보험금을 담보로 비교적 낮은 금리로 대출해 줍니다. 당시 이런 정보를 저는 어떤 책이나 채널에서도 발견하지 못했습니다. 절박한 심정에 백방으로 뛰어다니며 알아낸 것이었죠.

기억하십시오. 시중은행에서 얼마든지 정상적으로 대출받을 수 있는 분들은 절대 저축은행을 활용하거나 신용카드를 활용한 카드론, 현금서비스 등을 받아선 안 됩니다. 자기 신용등급을 먼저 살펴보지 않고, 초기 이자가 낮다, 일정 기간 무이자다 등의 달콤한 유혹에 넘어가면 절대로 안 됩니다. 한 번의 실수로 떨어진 신용등급이 회복될 때까지 고금리의 대부업체를 이용해야 합니다.

앞서 소개한 사례에서 제 지인이 대부업체까지 내려가서도 끝내 돈을 빌리지 못했다면 보증금을 날렸을 겁니다. 투자를 생각한다면 신용을 제대로 알고 활용할 수 있어야 합니다. 여기서 신용은 공적 신용(은행 신용등급)뿐 아니라 사적 신용(가족, 지인 등을 통한 융통)도 포함됩니다.

실제 투자에서 필요한 것은 돈입니다. 아무리 좋은 물건도 돈이 없으면 살 수 없습니다. 하지만 통장에 수천, 수억 원씩 쌓아두는 사람은 거의 없습니다. 많은 사람이 이를 간과합니다. 투자를 위한 돈은 언제나 없는 상태가 정상입니다. 그걸 적시에 만들어내는 것이 신용입니다. 즉 레버리지를 활용할 수 있느냐, 없느냐의 차이가 투자의 성패를 결정합니다.

신용을 잃으면 결국 모든 것을 잃습니다. 자신의 신용을 목숨처럼 지키십시오. 그래야 다음 투자로 이어질 수 있고 시장에서 오래 살아남을 수 있습니다.

종잣돈은 투자를 미루는
핑계가 될 수 없다

종잣돈이 없을수록 투자를 시작하라

회사에서 제 입지가 무척 불안할 즈음, 우연히 들은 말 한 마디가 며칠째 마음에서 맴돌았습니다.

"가난은 죄가 아니야. 계획과 발전이 없는 게 죄지."

이를 계기로 하루하루 살아가는 데 급급했던 제가 '계획'을 세우기 시작했습니다. 사실 특별할 건 없었습니다.

'나에겐 돈이 필요하다. 우선 돈을 모아야 해.'

계획은 분명하나 제가 아는 방법은 하나뿐이었습니다. 월급을 최대한 모으는 것, 이것이 제가 아는 재테크의 전부였습니다. 1년에 1000만 원을 모아도 1억 원 만드는 데 10년이 걸리는데, 몇십만 원밖에 모을 수 없는 상황에서 이대로는 어떤 희망도 보이지 않았습니다.

종잣돈을 좀 더 빨리 모을 수 있는 방법을 찾기로 했습니다. 회사에서 수당을 더 받기 위해 주말 근무를 지원하고, 휴일엔 예전처럼 이삿짐센터, 갈빗집 아르바이트, 화장실 타일 깔기 등 일당직을 병행했습니다. 얼마나 지났을까요. 투잡은 두둑한 돈이 아닌 과로만 안겨줄 뿐이었습니다.

결국 종잣돈이 없어서 투자를 시작했습니다. 제대로 읽은 게 맞습니다. 투자에는 목돈이 필요합니다. 그런데 얼마 되지 않는 월급으로 목돈을 만들려니 노인이 되어서야 투자할 수 있을 것 같았습니다.

'레버리지? 지렛대를 가지고 뭘 어쩌라는 거야?'

그때 문득 낙찰가의 80%를 대출받고 임대보증금으로 10%를 회수하면 내 돈은 10%만 있으면 된다는 생각이 들었습니다. 누구나 한 번쯤은 떠올렸을 생각이지만, 저는 직접 해보기로 마음먹었습니다. 저 같은 사람은 레버리지를 이용하지 않고서는 평생 가난하게 살 것이 뻔했기 때문입니다. 물론 제 생각이 틀려서 얼마 안 되는 돈마저 날릴까 봐

겁도 났습니다. 하지만 실패에 대한 두려움보다 평생 가난 속에서 살아야 한다는 두려움이 제겐 더 컸습니다.

종잣돈이 없을 때야말로 할 수 있는 투자가 있다

첫 낙찰을 받았을 때 제 월급은 300만 원도 채 되지 않았습니다. 그래서 300만 원만 남아도 좋겠다고 생각했습니다. 한 달 내내 출근해서 벌어야 하는 돈을 단 한 번의 낙찰로 번다고 생각하니 하지 않을 이유가 없었습니다. 어떤 사람은 물건을 찾고 임장을 다니는 시간을 감안하면 소액투자는 오히려 마이너스라고 말합니다. 하지만 그 생각은 반은 맞고 반은 틀립니다.

어느 정도 경험치가 있거나, 돈을 많이 벌고 있거나, 상속으로 받을 게 많은 사람은 그 말이 맞습니다. 반면 보통의 경우에는 그렇게 해서는 투자를 계속할 수 없습니다. 사고의 한계를 확장하려면 마중물이 필요합니다. 그게 바로 소액투자입니다.

생각보다 소액으로도 아파트나 빌라를 낙찰받을 수 있습니다. 또는 친구나 가족과 함께 2000만 원씩 공동 투자를 하면 대출 없이 지역의 한 아파트를 보유해 전세, 월세, 즉시 매도 등을 통해 수익을 남길 수 있습니다. 전월세나 매도로 일정 투자금이 회수되면 그 돈으로 더 나은 곳에 재투자할 수 있습니다.

가진 것 없는 사람이 비교적 단기간에 합법적으로 부자가 되려면 방법은 투자밖에 없습니다. 물론 리스크도 상당합니다. 하지만 소액으로 시작하더라도 3년만 치열하게 투자해 보십시오. 하다 보면 자기만의 기준점과 분야, 무엇보다 자신감이 생길 것입니다.

소액으로도
임대수익을 얻을 수 있다

소액으로도 월세와 사업소득, 이자소득을 올릴 수 있습니다. 인풋되는 자금이 적을수록 직접 인테리어를 하거나 에어비앤비를 돌리는 등 나의 품이 들어가야 합니다.

노동력도 집적화가 일의 능률을 올리듯 부동산도 마찬가지입니다. 상가라면 1개를 사든 10개를 사든 각각 임대사업자로 등록해야 하는 것은 똑같습니다. 여러 개 있어야 들어오는 돈의 규모가 커지고, 한 번에 관리하기도 수월합니다.

월세 20만 원이 나오는 부동산을 1개당 1500만 원씩 투자해 4개를 산다고 가정해 봅시다.

1. 투자금: 1500만 원 × 4개 = 6000만 원
2. 연소득: 월 80만 원(= 20만 원 × 4) × 12개월 = 960만 원

월세는 한 달에 80만 원씩 나오고, 1년이면 960만 원입니다. 총 매입비용은 6000만 원이죠. 6000만 원 투자해서 1년에 1000만 원씩 버는 거예요. 연봉 1000만 원을 올리기 위해 직장 상사에게 잘 보이려 애쓰거나 지옥철에 시달리며 때로는 야근까지 하지 않습니까? 이래도 시시합니까?

종잣돈은 얼마 없으면서 부동산 하나에 몇백만 원의 월세 수입을 바라거나, 투자는 나중에 하기로 하고 예금만 고집하는 것은 옳지 않습니다. 지금 당장 내 돈의 규모에 맞는 투자를 시작하면 됩니다. 보유한 자금으로 매입 가능한 부

동산이 반드시 있을 겁니다. 경매도 좋고, 급매도 좋습니다. 아파트나 빌라도 좋고, 상가나 오피스텔, 지식산업센터도 좋습니다.

1000만 원으로 카드매출채권, 대부채권 등에 투자해 연 15% 내외의 수익률을 올릴 수도 있습니다. 이런 투자를 독려하는 게 아닙니다. 방법을 찾으면 얼마든지 있다는 사실을 말씀드리는 겁니다. 제가 아는 직장인은 점심시간 20분을 활용해 펀딩 사이트에서 단기 투자로 연 12% 수익을 올리고 있습니다. 4~5% 이자를 받기 위해 은행 앞에서 줄을 서는 대신 더 높은 수익률에 투자할 수 있습니다.

이런 노력이 나의 삶을 더 나아지게 합니다. 돈 벌 기회는 무수히 많고 실행하는 자만이 잡을 수 있습니다. 제발 움직이십시오. 이제부터 누군가 취미나 관심사를 묻는다면 부동산 매입하는 것 또는 부동산으로 월세 받는 것이라고 당당히 말해보십시오. 종잣돈이 부족하다고, 경험이 없다고 절대로 포기하지 마십시오. 대출과 임대보증금을 잘 활용하면 부동산 투자에는 생각보다 많은 돈이 들어가지 않습니다.

돈이 들어가야
진짜 공부가 시작된다

투자하기 전에
꼭 해야 할 공부란 없다

지역에 상관없이 많은 분에게 경매 투자에 관해 질문하는 메일을 종종 받습니다. 대개 여차여차한 물건이 있는데 투자해도 좋을지 묻는 내용입니다. 저는 매물을 쓱 확인해보고 단답으로 이렇게 보냅니다.

"권리 분석에 하자 없습니다. 시세 파악만 주의하시고 입찰하세요."

사실 권리 분석은 경매에서 차지하는 비중이 5%도 안 됩니다. 의외로 권리 분석이 어렵다며 경매 수업을 여기저기서 듣는 분들이 있습니다. 이런 수업은 강사에겐 돈이 됩니다. 어렵다는 인식이 있으니 하나하나 구체적으로 가르치면 커리큘럼도 길게 짤 수 있으니 말입니다. 하지만 그런 내용이 필요한 경우는 많지 않습니다. 더욱 문제는 이로 인해 정작 투자를 시작하는 시기만 자꾸 미뤄진다는 것이지요. 사람들은 어딘가에 소속되어 무언가를 계속 배우고 싶어 합니다. 처음의 목적과 본질을 잊은 채 말입니다.

저도 처음 경매를 시작했을 때 패찰하면 굉장히 스트레스를 받았습니다. 말도 안 되게 높은 가격을 쓰는 사람들을 보며 머리가 멍해지곤 했습니다. 실투자금이 수억 원 이상 들어가는 경우에는 몇 주 동안 조사하는데, 패찰하는 순간 그간의 노력은 모두 물거품이 됩니다. 그러면 충격으로 며칠 동안은 밥도 제대로 넘어가지 않았습니다.

그때 낙찰받은 사람이 채권 최고액만큼 어떻게 쓴 것일까 하고 봤더니 NPL(Non Performing Loan, 부실채권) 투자를 하는 분들이었습니다. NPL 투자가 뭔지는 몰라도 무조건 해야겠다는 결심이 섰습니다.

새로운 분야를 시작할 때 보통은 뭐부터 배워야 할지를

알아봅니다. 전 다르게 생각했습니다. 뭐든 가장 확실하게 배우는 방법은 직접 뛰어드는 겁니다. 이것이 제가 투자와 사업을 시작하는 방식입니다.

모르는 분야에
뛰어드는 방법

NPL 법인 설립은 경매 투자의 종착역이라고 할 수 있습니다. 2016년 당시 NPL 법인을 설립하려면 자본금이 최저 3억 원(현재 5억 원으로 상향)이었습니다. 여기에 사무실 임대 보증금과 집기, 비품, 초기 인건비 등을 감안해 4억 원으로 법인을 설립했습니다. 자본금을 만들기 위해 보유 중인 다수의 부동산을 정리해야 했죠. 처음엔 좌충우돌의 연속이었습니다.

그렇게 NPL 법인을 운영하면서 투자의 영역이 넓어졌습니다. 법인 설립으로 채권자가 되면서 사건 열람 권한이 생겨 원하는 정보를 입찰 전에 얻을 수 있었고, 그 결과 모든 경매 절차를 제가 핸들링할 수 있었습니다. 그러니 다른 경매 투자자와 시야가 다를 수밖에 없었습니다.

30대 후반의 나이에 호기롭게 사업을 시작했지만 어려움도 많았습니다. 사무실 임대료 300만 원과 관리비, 세금, 직원들의 급여까지 매달 수천만 원이 고정비로 빠져나갔고, 공격적인 영업으로 수십억 원 규모의 공장 채권 몇 개를 매입하자 자금은 금세 바닥이 났습니다.

아무리 좋은 총이 있어도 실탄이 없으면 무용지물이듯 투자자든 투자 법인이든 자금이 없으면 고정비용에 치여 망하는 건 시간문제입니다. 자금 조달을 위해 사람들을 만나고 설득하고 주주를 모집하는 등 고군분투의 나날이었습니다. 돌이켜 보면 무슨 깡으로 이런 일들을 벌였나 싶습니다. 하지만 이때의 경험을 통해 저는 확실히 성장했습니다.

다양한 루트로 사람들에게 제가 하는 일을 알렸습니다. 이 과정에서 자금을 제때 융통하는 것이 대표의 가장 중요한 업무 중 하나임을 깨달았습니다. 이 업계에는 순간의 위기를 넘기지 못하거나 혹자 도산을 하는 회사도 부지기수였기 때문입니다.

다행히 진심으로 설득하고 부지런히 움직이는 기간이 수년 이상 지속되자 믿고 투자하는 분들이 생겨났습니다. 제게는 무척 고마운 분들입니다. 이제는 그분들도 제게 고마워합니다. 제가 한 일은 열심히 투자하고 운영해서 만족할 만한 수익으로 돌려드리는 것이었습니다.

투자는 나의 책임이고 손해는 나의 실력이다

채권 거래는 단위가 큰 편이고 풀 레버리지는 기본입니다. 수십억 원이 왔다 갔다 하는 거래이다 보니 계약서 한 줄로 회사가 존폐의 기로에 서기도 합니다. 이렇게 혹독한 환경이므로 처음에는 무슨 일만 생기면, 즉 외부 환경이 변하면 전부 문제로 보였습니다. 이내 생각이 부정적으로 흐르기 시작했습니다.

'왜 갑자기 정부에서 정책을 바꾸는 거지?'

'왜 말도 안 되는 이 정책이 유지되는 걸까?'

'왜 최저시급을 저렇게나 올리는 거야?'

공장 채권을 매입한 이후 당시 정부 정책인 최저시급 인상에 영향을 받아 매입한 채권의 엑시트가 불투명해졌습니다. 매입 당시엔 90% 이상 수익이 확정됐다고 생각했습니다. 하지만 금리가 오르고 인건비가 급상승하는 등 시장 상황이 사업 방향과 완전히 반대로 흘러가기 시작했습니다. 수도권의 공장 수요마저 크게 줄었습니다.

이때 술에 찌들어 오르기만 하는 금리를 한탄하고 정부를 욕하고 있는 자신의 모습을 발견했습니다. 지금 다시 생각해도 못난 행동이었습니다. 당시엔 거기까지가 저의 실력임을 인지하지 못했습니다. 즉 사업 초기에 자기 객관화가 되어 있지 않은 상태였던 겁니다.

사업만이 아니라 투자도 자기 객관화가 되지 않으면 반드시 위험에 직면합니다. 이는 부동산, 주식, 채권 등 모든 투자에서도 마찬가지입니다. 자신의 투자 실패를 타인이나 정책이나 고금리 등 외부 탓으로 돌려선 안 되는 이유입니다. 투자는 철저히 자신의 책임하에 하는 일입니다. 돈을 잃어도 내 탓이고, 얻는 것도 내 몫입니다.

저도 투자할 때는 그 원리를 기억하고 있었지만, 사업을 하면서는 잠깐 잊어버렸던 겁니다. 그 결과가 어땠겠습니까? NPL 법인회사를 만들고 2년 연속 억 단위의 적자를 냈습니다. 10여 명의 인건비와 운영비, 세금을 내고 나면 회사

설립 이후 거의 4년간 적자를 면치 못했습니다. 나중에야 그것이 급변하는 정책이나 상황 때문이 아니라 부족한 제 실력 탓임을 뼈저리게 느꼈습니다. 그 뒤 몇 번의 실패를 경험한 후 자기 객관화가 비로소 가능해졌습니다. 내가 무엇을 잘하고, 무엇을 못하는지 알았고, 부족한 분야는 배워나 갔으며 전문가에게 조언을 구했습니다. 내가 아는 상태에서 전문가에게 조언을 구해 크로스체크를 하니 그때부터 리스크는 크게 줄어들었습니다.

돌이켜 보면 사업을 운영하면서 변수가 없었던 해는 단한 번도 없었습니다. 투자 역시 온갖 변수에 대응할 수 있어야 합니다. 사업가든 투자자든 과거에 실패한 적이 있다면 위험에 빠진 이유를 처음부터 하나씩 복기해 봐야 합니다. 그리고 그때 놓친 점을 보완해야 합니다.

여러 시기들을 두루 거치고 나니 이제야 알았습니다. 초기에 실패처럼 보였던 모든 일들이 사업을 하면 당연히 거치는 과정임을 말이죠. 가령 안전하다고 생각한 투자도 얼마든지 외부 변수에 의해 상황이 급반전될 수 있더군요. 사업을 시작한 덕분에 저는 직장인이나 개인 투자자였을 때는 접하기 어려웠던 다양한 환경에 노출되었고, 그만큼 리스크

대응 능력이 높아졌습니다.

　이런 이야기를 하는 이유는 하나입니다. 달라진 환경에 노출되면 사람은 스스로 부딪치며 배웁니다. 이 배움은 나중에 어떤 방식으로든 쓰이기 마련입니다. 목표가 있다면 두려워하지 말고 시작해 보십시오. 지금 동기가 충분하다면 또 절박하다면, 될까 안 될까, 시작할까 말까 아무리 고민해도 명확한 답은 나오지 않습니다. 실행 과정에서 방향성이 나오고 해야 할 일들이 생겨납니다. 차선책과 다음 차선책 등 마지노선을 정하고 위기를 극복하십시오. 그런 상황을 발전의 기회로 여기고 이겨내야 성장할 수 있습니다.

　도전은 하되 처음부터 모든 것을 걸지는 마십시오. 초기 투자금은 모두 잃어도 다시 일어설 수 있을 정도의 금액이어야 합니다. 투자를 시작하면 위기의 순간이 옵니다. 한두 번이 아니고 크고 작게 계속 찾아옵니다. 그러나 어떤 위기든 극복할 수 있습니다. 그 상황을 잘 이겨내면 그만큼 성장할 것입니다.

4장

이겨놓고 시작하는
게임을 하라

●

'남보다 잘하지 못할 바에야 다르게 하자.'

제 삶의 모토입니다. 남들과 다를 게 없다는 것은 시장에서 초과

이익을 누리기가 어렵다는 뜻입니다. 즉 다르게 접근하면 가치를

만들어낼 수 있고, 가진 것 없는 사람도 길을 열 수 있습니다.

12년간 투자하면서
손해 본 적 없는 이유

투자 원칙은
단순할수록 강력해진다

저는 12년 동안 투자하면서 단 한 번도 손해 본 적이 없습니다. 그 이유는 제가 투자 실력이 뛰어나거나 예측을 잘해서가 아닙니다. 그저 싸게 샀기 때문입니다. 더 풀어서 이야기하면 가치 있는 부동산을 알아보고, 남들이 관심을 안 가지거나 두려워할 때, 경쟁이 줄고 가격이 내려갔을 때, 다양한 방법을 동원해 안전마진을 극대화했기 때문입니다.

제가 지금까지 지켜온 투자 원칙은 간단합니다.

1. 부동산을 싸게 산다.
2. 수익이 생길 때까지 경험을 번다고 생각한다.
3. 고정소득이 나오는 자산을 싸게 산다.

첫 번째 원칙은 제 투자법의 핵심으로, 최초 매입단가를 낮춰서 수익률을 극대화하는 것입니다. 부동산을 싸게 사는 데는 경매가 아니어도 어떤 방법이든 상관없습니다.

두 번째 원칙은 초보일수록 씨를 뿌려야 하는 시기와 수확의 시기는 다를 수 있다는 의미입니다. 그러니 씨를 많이 뿌려둘수록 시간과 호재 등이 반영되어 수확할 때 벌어들일 수 있는 돈이 커집니다.

마지막 원칙은 현금 흐름이 유지되어야 투자를 지속할 수 있다는 것입니다. 근로소득, 사업소득, 공간 대여업 등 뭐든 좋습니다. 무엇보다 전업 투자를 한다고 직장이나 사업을 먼저 그만두지는 마십시오.

장기적으로 보유할 자산은 차익이나 월세를 안겨주는 부동산, 배당이 나오는 주식, 이자가 나오는 채권 등 현금흐름이 발생하는 것이어야 합니다. 그래야 돈만 많은 부자가 아니라 경제적 자유를 통해 행복을 느낄 수 있습니다.

부동산 투자의 제일 원칙,
무조건 싸게 사라

투자는 이겨놓고 시작하는 게임이 되어야 합니다. 싸게 사면 시장의 변수에 휘둘릴 가능성이 낮아집니다. 싸게 사면 월세를 저렴하게 받아도 남습니다. 리스크를 완전히 피할 순 없지만 어느 정도 제거해 놓을 수 있습니다. 즉, 매입 가격으로 리스크를 줄이는 겁니다.

코로나19 기간에 상가 월세를 200만 원에서 150만 원으로 낮춰준 적이 있습니다. 5년째 유명 프랜차이즈 쌀국수 가게를 운영한 곳이었습니다. 기존 월세도 주변 상가에 비해 낮았기에 사장님은 저에게 더 낮춰달라고 이야기하지도 못한 채 폐업까지 고민했다고 합니다. 제가 먼저 뜻을 전하자, 사장님은 매우 고마워했습니다. 덕분에 저 역시 코로나19 기간에 가게가 공실 상태가 되는 리스크를 없앨 수 있었습니다. 이는 애초에 싸게 샀기에 가능한 일이었습니다.

제가 상가를 비싼 가격에 매입했다면 이자 부담에 치이거나 삶이 팍팍해져서 어쩔 수 없이 시세를 고집할 수밖에 없었을 것입니다. 매입 단가가 낮으니 여유 생겼고, 여유가 있으니 타인의 입장에서 생각하고 배려할 수 있었습니다. 내 코가 석자인데 어떻게 남을 챙길 수 있겠습니까? 나부터 여유가 있어야 다른 사람에게 베풀 수 있습니다. 그래서 저는 싸게 사는 데 집중합니다.

경쟁률과 수익률은 반비례한다

남보다 싸게 사면 하락기가 왔을 때도 버티는 힘이 세집니다. 부동산의 실제 사용가치는 전세가인데, 전세가 이하로 매입하든지 수익률이 나오게 세팅하면 됩니다. 이는 남들은 하락장에 100kg을 들고 서서 버틸 때, 경매로 부동산을 싸게 산 사람은 50kg을 들고 앉아서 버티는 것과 비슷합니다. 시장에 휘둘려 투매를 하는 실수를 줄여주며 장기 보유를 할 수 있게 합니다. 부동산은 기본적으로 시간을 먹고 자라는 상품이기에 중장기 보유를 위한 체력은 무척 중요합니다.

다만 안전하고 모두가 가지고 싶은 부동산은 비쌉니다. 우리가 시도할 수 있는 최선의 방법은 매입가격이 가치보다 낮은(가격이 가치보다 싼) 매물을 찾는 것입니다. 그래서 저는 매일 금리 동향과 경제 지표를 살피고 전문가의 해설을 읽고 투자와 관련된 다양한 사람을 만납니다.

제가 눈여겨보는 부동산은 이렇습니다.

1. 현재 사람들이 관심을 가지지 않거나 볼품없어 보이는 부동산
2. 월세를 연체 중이거나 명도 대상임에도 끝까지 버티는 임차인이 있는 부동산
3. 현재의 상태로 운영하긴 어렵지만 멸실 또는 가공해서 수익률을 높일 수 있는 부동산

여기에 더해 사람들이 잘 모르거나 한 번에 이해하기 어려운 매입 방법을 연구합니다. 경매와 공매는 물론 신탁회사와 수의계약을 통해 매입하거나 경매가 진행 중인 집을 사는 대위변제 등이 여기에 해당합니다.

완벽한
부동산은 없다

최악의 아파트도 누군가에겐
좋은 투자처가 된다

2021년 2월은 부동산을 매입하기에 괜찮은 시기가 아니었습니다. 그때 컨디션도 좋지 않은 집이 저렴하게 나왔다면 어떻게 하겠습니까?

저는 2021년 2월에 강원도 원주시 무실동에 있는 한 아파트를 1억 7000만 원에 매입했습니다. 준공한 지 21년이 된 1000여 세대의 대단지 아파트이고, 24평형에 실평수 18평으로 방 3개, 화장실 2개의 구조였습니다.

오래된 아파트라는 것 외에도 가장 눈에 띄는 단점은 부족한 주차 공간이었습니다. 세대당 주차대수가 0.7대에 불과했습니다. 지하 주차장이 있기는 했지만, 주차장 입구까지 양쪽으로 늘어선 차들 때문에 통행이 불편해 보였습니다.

조사 당시 시간대가 낮이라 지상 주차장은 그래도 괜찮은 편이었습니다. 하지만 퇴근 시간 이후가 궁금해 다시 방문해 보니 예상대로 이중, 삼중 주차로 뒤엉켜 있었습니다. 아파트 주민임에도 퇴근이 늦어지면 주차할 곳이 없어 단지 밖의 유료 주차장이나 길가에 세워야 했습니다. 운 좋게 단지 안에 주차하더라도 이중 주차를 했을 테니 새벽에 나와 차를 빼야 했을 테죠.

게다가 노후된 아파트여서 집 내부 상태도 좋을 리가 없었습니다. 투자자로서는 새로운 임차인을 받으려면 200만 원 이상 들여서 도배, 장판도 다시 해줘야 했습니다.

이런 단점까지 알았다면 매입하겠습니까, 포기하겠습니까? 저는 매입하기로 했습니다. 단지 내 가장 저렴한 매물인 데다가 공시가 1억 원 이하여서 취득세 부담이 없는 장점이 눈에 들어왔습니다. 게다가 월세 수요도 꾸준했고, 전세가도 지속적으로 상승하고 있었습니다. 오래된 복도식 아파트라서 거실이 작아 내부 인테리어 비용을 조금만 들여도 새로운 느낌으로 바꿀 수 있을 듯했습니다.

처음에는 임차인이 집을 잘 보여주지 않았습니다. 이는 투자자에게 오히려 괜찮은 신호입니다. 계약 만기가 다가오자 올라간 전세금에 갈 곳을 정해두지 못한 임차인이 쫓겨날까 봐 집을 보여주는 데 비협조적이었던 것입니다.

갭투자는 무리하게 전세금을 올려서 살고 있는 임차인을 내보낸 후 도배장판 비용에 중개수수료까지 들이는 것보다 임대 조건만 잘 조율해서 재계약하는 편이 좋습니다. 매입 당시 전세가가 1억 2000만 원이었고, 전세 만기는 10개월 정도 남은 상태였습니다. 저는 1억 7000만 원에 매입했으니 실투자금이 5000만 원대였습니다.

갭투자는 전세금을 레버리지로 활용하기 때문에 매매가와 전세가의 차이가 작을수록 투자금도 적어집니다. 이 아파트도 전세가가 꾸준히 상승하고 있었기에 새로운 전세계약을 할 수 있는 10개월 후에는 투자금을 전액 회수할 수 있으리라 확신했습니다. 만에 하나 시세가 오르지 않더라도 전세가 아래로 떨어질 리는 없다고 판단했습니다. 전세가는 그 부동산의 실제 사용가치이기 때문입니다.

10개월 후 새로운 임차인과는 1억 7500만 원에 전세계약을 했습니다. 1억 7000만 원에 매수해서 1억 7500만 원에 전세를 놓았으니 소위 플피(플러스 프리미엄) 투자가 된 셈입니다. 이미 안전마진을 확보한 상태이고 실투자금이 없으므로 지금도 마음 편히 보유하고 있습니다.

좋은 부동산은
나를 기다려주지 않는다

갭투자는 투자금이 적게 들고 대출이 필요 없다는 장점이 커서 초보 투자자가 가장 먼저 도전해 보는 투자이고, 실제로 저 역시 주로 권하는 방법이기도 합니다. 하지만 막상 이런저런 아파트를 둘러본 후 대부분은 '지은 지 오래되어서, 남향이 아니라서, 주차가 불편해서, 복도식이라서' 등의 핑계만 대고 투자를 주저합니다. 그들이 사지 못하는 진짜 이유는 두렵고 확신이 없기 때문입니다. 결국 망설이다 기회를 놓치고 맙니다. 시간이 지나 다시 마음을 다잡고 시세를 알아보면 훌쩍 올라버린 가격에 후회하고 포기하는 과정이 반복되면, 결국 투자와는 멀어지는 것입니다.

내가 망설이는 사이에 누군가는 계속해서 입지를 분석하고 발품을 팔아 부를 축적하고 있습니다. 망설이기만 해서는 부자가 될 수 없습니다. 내 입맛에 딱 맞는 물건을 찾기도 어려울뿐더러 찾았더라도 비싸다는 등 또 다른 이유를 들며 망설일 것이기 때문입니다.

앞에서 이야기한 1억 7000만 원짜리 아파트는 2년 후에 팔면 최소 2000만~3000만 원은 남을 겁니다. 투자금이 모두 회수됐으니 시세차익은 그대로 수익이 될 겁니다. 만일 제가 이런저런 핑계를 대며 매입하지 않았다면 수익도 경험도 얻을 수 없었을 겁니다.

투자를 하면 할수록 100% 마음에 드는 완벽한 부동산은 없다는 사실을 깨닫습니다. 혹시 완벽한 부동산을 찾았더라도 그런 물건은 대부분 비싸기 때문에 투자금의 조건과 맞지 않습니다. 결국 그 물건 역시 저에게 있어 완벽한 부동산은 아닌 겁니다.

좋은 부동산은 결코 내가 매입할 때까지 기다려주지 않습니다. 그러니 투자금이 적다면 한 번에 좋은 것을 사는 게 아니라 징검다리와 마중물 역할을 하는 부동산이 필요합니다.

안 되는 이유만 찾지 말고 되는 이유를 찾아야 하는 이유입니다. 내가 직접 살 것도 아닌데 열악한 주차 문제나 노후한 내부 상태에만 초점을 맞출 필요가 없습니다.

저는 리스크를 꼼꼼히 살피는 동시에 되는 이유도 꼭 찾으려고 합니다. 앞의 사례에서도 여러 가지 단점이 있는 아파트였지만, 거주자들이 선호하는 방 3개, 화장실 2개 구조로 10분 거리에 어린이집과 초등학교가 있어 신혼부부나 어린 자녀가 있는 가족이 살기에 적합했습니다. 기존 임차인의 이야기를 들어보니 대중교통을 이용하기도 편리해 차가 없어도 괜찮다고 했으며, 고속도로로 나가기 편하게 길이 나 있어 차가 있는 세대에게도 좋았습니다. 인근에 마트, 영화관, 공원 등이 있어 주거 환경도 괜찮았습니다. 저에게는 이런 장점이 단점보다 훨씬 커 보였습니다. 즉 어떤 관점으로 보느냐가 중요하고, 이는 시야와 경험, 그리고 투자 마인드에 달려 있습니다.

심리적 저항을 깨고
기회를 잡아라

진짜 수익률을 구하라

12년간 투자해 오면서 손해 본 적은 없지만, 수익률이 낮았던 사례들은 당연히 있습니다. 2015년 약 8억 원에 낙찰받았던 모텔이 바로 그런 경우였죠. 명도 후 리모델링 공사를 하고 월세와 매도 후 약 5000만 원의 수익을 남겼습니다. 예상보다 공사 비용이 많이 들어서 수익률이 낮아진 것도 있지만, 원금 회수 기간이 길어져 더 좋은 곳에 투자할 수 있는 기회비용까지 생각한다면 부끄러운 결과였습니다.

투자에서는 얼마를 벌었는지보다 투자 기간과 실투자

금 대비 수익률이 얼마나 되는지가 더 중요합니다. 2000만
~3000만 원으로 억 단위의 수익을 내는 경우가 있는가 하
면, 억 단위를 투자하고도 몇백만 원의 초라한 수익을 거두
는 경우도 있습니다.

같은 단지 아파트 10채를
3억에 사서 10억을 벌다

투자자에게는 인생에 몇 번 오지 않는 대박의 기회가 올
때가 있습니다. 그중 하나이자 저에게 새로운 투자 기술을
가르쳐준 사례를 소개하고자 합니다.

같은 단지 내 아파트 10채를 차례로 사고팔아서 한 채당
3000만 원씩 투자해 거의 1억 원씩 벌었습니다. 시기적으
로 적절히, 저평가된 부동산을 싸게 공격적으로 매입한 덕
분이었습니다. 약 10년 전 일이지만, 이때 익힌 투자 기술을
지금도 응용해서 활용하고 있으니 경험이 얼마나 중요한지
새삼 깨닫습니다.

2012년 인천시 중구의 아파트 단지에서 총 500여 세대

중 60여 채가 경·공매로 나왔습니다. 해당 단지 주변에는 수변공원과 국내 최대 크기의 골프장이 있었으며, 시차를 두고 대규모 위락시설도 들어설 예정이었습니다. 2009년에 분양해서 2012~2013년이 되어서야 입주를 시작했는데, 당시 분양가는 6억 7000만 원대였습니다.

평당 약 1300만 원으로, 경제자유구역 내 신축 아파트임을 감안하더라도 건설사에서 분양가를 너무 높게 책정한 듯했습니다. 결국 아파트 단지는 준공 후 미분양이 났고, 담보대출이자를 감당하지 못한 물건 수십 채가 줄줄이 공매와 경매로 나온 상황이었습니다. 당시 경기침체와 맞물려 평균 분양가 6억 7300만 원을 기준으로 약 4억 원 내외의 대출을 받은 수분양자들은 부담이 상당했을 것입니다.

쏟아져 나오는 경·공매 물건들을 보고 다른 투자자들은 위험하다며 손사래를 쳤습니다. 그런데 저는 바로 여기에 기회가 있다고 보았습니다. 건축 원가, 개발 호재, 성장성 등을 고려했을 때 분명히 저평가된 부동산이었고, 지금이 절대적으로 싸다고 판단했습니다. 이미 시장조사를 했기 때문에 이 단지에서 승부를 보고 싶었습니다.

경·공매로 나오는 물건들이 이미 제 거라고 느껴질 정도로 강한 확신이 들었습니다. 설명할 수 없지만 어떤 촉이 작동한 것 같습니다. 이 아파트들이 자꾸 저를 끌어당기는 느낌이 들었고, 이번이 기회다 싶었습니다. 미분양 아파트는 건설사와 개인 간 수의계약으로 수십 채가 한 번에 거래되기도 합니다. 저는 수의계약보다 더 싸게 사기 위해 경·공매를 선택했습니다.

경매는 부동산 시세를 잘 알아야 낙찰받을 수 있습니다. 층과 동이 다를 뿐 같은 단지의 아파트가 계속해서 경매로 나온다면 입찰가를 산정하기가 비교적 쉽습니다. 먼저 패찰한 2등, 3등의 입찰가를 알 수 있기에 심리적 저항선을 파악합니다. 시세를 파악해 그보다 낮으면서 심리적 저항선을 넘어서는 가격을 내면 됩니다.

이런 과정을 거친 후 이 단지의 물건들을 집중적으로 입찰하기 시작했습니다. 먼저 몇 동, 몇 호가 언제 입찰하는지를 알아보고 입찰 일정을 짰습니다. 입찰가, 대출금액, 월세를 산정하고, 여러 채에 입찰할 생각이었기에 자금을 어떻게 조달할 것인지도 계획표로 짜두었습니다. 이렇게 단기간에 여러 채를 매입해야 할 때는 자금흐름에 반드시 신경 써야 합니다. 투자를 하다 보면 갑자기 돈줄이 막힐 때가 있습니다. 최소한 월세로 이자를 감당할 수 있는지 먼저 검토해야 합니다. 그래서 월세 시세를 파악하는 것도 중요합니다.

경쟁자가 거의 없어서인지 빠르게 몇 개를 낙찰받을 수 있었으나 투자금이 바닥났습니다. 한동안 입찰도 못 하고 아쉬워하며 낙찰 결과만 확인하던 날들이 이어졌습니다. 결국 지인들에게 돈을 빌리고 양도세를 왕창 내면서 다른 부동산을 팔아 자금을 마련해 다시 입찰에 뛰어들었습니다.

그 결과 지인들 것까지 합해 이 단지에서만 약 10채를 낙찰받았습니다. 50평대 아파트를 2억 5600만 원에 낙찰받았으니 취득세, 등기비용을 포함해도 평당 500만 원이 채 되지 않았습니다. 분양만 받아놓고 입주하지 못한 새 아파트이기에 명도비용도 없었습니다. 잔금 납부를 하기 전에 관리사무소와 협의해 빈집임을 확인하고 청소까지 마쳤습니다.

낙찰가의 80%를 대출받고 임대보증금 2000만~3000만 원을 회수하니 한 채당 매입비용은 3000만~4000만 원이었습니다. 건축비도 안 되는 금액으로 대지까지 통째로 가져온 셈입니다. 낙찰 이후 아파트 내부에 들어가보니 세대 내 엘리베이터 콜 버튼과 고급 샹들리에 등 비싼 분양가만큼 내부 시설에 공을 들인 듯했습니다. 낙찰받은 10여 채 모두 시세에 맞춰 월세 80만~90만 원에 임대를 놓았습니다. 임차인은 개인뿐만 아니라 인근 공항 관련 법인회사나 대규모 공사가 많은 지역 특성상 건설·토목·설계회사 등 법인도 포함되었습니다. 특히 법인은 정해진 날짜에 꼬박꼬박 월세를 입금해 주는 등 임대 관리도 매우 편합니다.

당시 대출이자는 65만 원 정도였는데, 월세를 받아 이자를 내고 나면 한 채당 20만~30만 원씩 남았습니다. 당장 나오는 월세도 쏠쏠했지만 후에 한 채당 약 1억 원씩 시세차익을 얻었으니 성공적인 투자라고 할 수 있습니다.

한 단지 내에서 많은 아파트를 보유하면 어떤 장점이 있을까요? 인근 중개소 사장님들은 그 단지 아파트를 매수할 손님이 있으면 저에게 먼저 전화했습니다. 매물이 없으니 좀 풀어달라고 말이죠. 한 채가 팔리면 다시 매도금액을 상향 조절해서 한 채씩 시장에 내놓았습니다. 고작 10채로 단지 전체의 가격을 좌우하는 공급자가 되어버린 셈입니다.

이럴 때 급하게 팔면 양도세 폭탄을 맞을 수도 있으니 주의해야 합니다. 가능하면 매입일로부터 2년 정도가 지나 비과세를 노리거나 일반세율을 적용받아 매도하는 것이 좋습니다.

심리적 저항을 깨부수면
투자는 쉬워진다

내 돈도 없는데 아파트 10채를 사라고? 괴리감이 느껴질 수 있습니다. 그런데 이는 사고의 틀을 깨지 못해서 생기는 심리적 저항입니다. 우리에겐 "나중에 기회가 되면 해봐야지" "대출은 위험해" "지금 경기도 좋지 않은데" 이런 말보다 생각의 틀을 깨는 경험이 필요합니다. 조금만 응용해서 누구나 할 수 있는 투자입니다. 저평가된 입지와 부동산을 찾아다니고 분석해 봅시다.

과감하게 베팅할 기회는 누구에게나 찾아옵니다. 죽기 전까지 몇 번이나 마주할 것입니다. 그걸 내 것으로 만들지, 모르고 지나칠지는 평소 준비와 선택에 달려 있습니다. 좋은 기회가 왔는데 소극적으로 대처해 기회를 놓치거나, 그것을 만회하기 위해 무리하게 투자하는 것을 저도 많이 경험해 봤습니다. 그런 만큼 종잣돈이 적더라도 생각하기에 따라 다양하게 투자할 수 있다는 것을 말씀드리고 싶습니다.

이해관계를 읽으면
제2의 투자법이 보인다

경매 물건을 법원에 가지 않고 산다

돈이 넉넉한 사람이 돈 벌기가 비교적 더 쉽습니다. 돈이 없는 사람은 리스크를 기꺼이 안을 준비가 되어야 하고 과정상의 어려움도 극복해야 합니다. 만약 누군가가 안전하게 소액으로 큰돈을 벌 수 있다고 말한다면 대부분 사기입니다.

제가 생각한 저만의 해법은 '다르게 생각하기'와 '빠르게 실행하기'입니다. 분명 남과 다르게 생각하고 빠르게 행동하면 돈을 벌 수 있습니다. 대위변제를 이용해서 부동산을 매입하는 방법도 그중 하나입니다.

대위변제란 채무자 대신 변제해 주는 사람에게 채권자의 권리가 이전되는 것을 뜻합니다. 이를 경매에 적용해 보면 경매의 원인이 되는 채무를 제가 대신 정리함으로써 진행 중인 경매를 취하시키고 소유권을 가져오는 방식으로 등기를 이전받는 것입니다. 채무자(현 소유자)는 경매로 넘어가 불특정 다수에게 명도를 당하거나 연체이자가 늘어나는 손해를 없앨 수 있고, 저는 경쟁 없이 소유권을 가져올 수 있기에 서로 윈윈하는 거래입니다.

경매가 진행 중인 부동산은 매매 거래가 되지 않는다고 생각합니까? 경매개시결정등기뿐 아니라 근저당권, 가압류, 가처분 등이 설정됐어도 얼마든지 매매계약을 할 수 있습니다. 단 소유권 등의 권리 변동에 따른 소송에 휘말릴 수 있으니 특약사항, 말소조건 등을 계약서에 꼼꼼하게 작성해야 합니다. 초보자라면 반드시 변호사, 법무사 같은 법률 전문가의 조언을 받아 진행하기를 권합니다.

보통 경매를 시작하는 분들은 등기부에 경매가 진행된다는 등기가 있으면 거래 쪽은 생각하지도 않고 당연하게 입찰을 준비합니다. 그러나 아무리 열심히 입찰을 준비해도 누군가 대위변제를 하거나, 모든 등기상 권리를 말소함과 동시에 매매계약으로 가져가면 입찰할 기회조차 사라집니다. 채무 변제로 인해 경매 사건이 갑자기 취하되는 경우가 바로 이런 상황입니다.

저는 경매 예정 물건이나 진행 중인 것 가운데 이런 조건에 맞는 물건을 찾습니다. 부동산의 실채권액이 시세보다 낮거나, 배당까지 갔을 때 잉여금이 생길 수 있는 사건들이죠. 그중 연체이율이 높은 제2금융권이나 대부업체 등의 채권이 있는 경우 접촉해 볼 만합니다. 이런 경우 금리가 높고 매달 쌓이는 이자만 해도 상당하므로 소유자가 심리적인 압박을 심하게 느낍니다. 이를 해결해 준다면 경매를 통해 사는 것만큼 저렴하게 경쟁 없이 매수할 수 있습니다.

채무자의 입장을 헤아려야
돈이 보인다

2017년에 제가 발견한 부동산은 32평형, 방 3개, 화장실 2개의 나 홀로 아파트였습니다. 옆에 대단지 아파트가 있어 기존의 상권을 그대로 이용할 수 있고, 입주한 지 3~4년밖에 되지 않아 매우 깔끔했습니다. 세대 수가 적은 아파트는 투자처로 무조건 피하는 경우가 있는데, 시세 대비 싸다면 충분히 수익을 낼 수 있습니다.

이 아파트는 소유자의 여자 친구가 점유하고 있다고 되어 있었는데, 조사해 보니 이미 이사를 간 상태였습니다. 근저당권자의 협조로 집 내부를 보았습니다. 신축 아파트로 깔끔하고 거실이 넓어 신혼부부에게 안성맞춤이었습니다.

인근 중개소를 통해 시세를 알아보니 2억 5000만 원 정도였고, 전세는 얼마 전에 2억 1000만 원에 거래되었다고 했습니다. 나 홀로 아파트라 거래 데이터가 부족해 바로 옆에 있는 10년 전 준공한 아파트 단지의 시세를 조사했습니다. 25평형(실평수 18평)에 방 3개, 화장실 1개의 복도식 아파트의 시세가 3억 원 이상에 형성되어 있었고, 매물이 나오기 무섭게 거래되고 있었습니다.

이와 비교하면 새 아파트이고 방 3개, 화장실 2개의 판상형 구조였습니다. 판상형 구조는 주방과 거실이 마주보는 일자형으로 배치된 형태로 통풍이 잘 돼 일반적인 타워형 구조보다 실거주자의 선호도가 높으니 메리트가 있다고 판단했습니다. 매입가는 시세 비교를 했던 옆의 아파트보다 1억 원 더 싸서, 나 홀로 아파트임을 감안하더라도 수익이 날 거라고 확신했습니다. 경전철 개통을 앞두고 있다는 점도 매입을 결정하는 데 한몫했습니다.

현장 확인 후 곧바로 매입 의사가 있다고 밝히고 채권자와 만났습니다. 그 자리에서 원금과 이자, 현 소유자의 상태 등을 상세히 알 수 있었습니다. 현재 전세가격 이하에 매입하면 손해가 없다는 생각에 저와 근저당권자, 소유자가 만나 매매 거래를 체결했습니다.

채무자를 설득하는 방법은 다양합니다. 어느 채무자는 당장 100만 원이 필요할 수 있고, 어느 채무자는 따뜻한 위로의 말 한마디에 마음이 움직일 수도 있습니다. 법률 지식이 없는 이들에게 진심을 다해 상담해 주고, 일정 동안 거주 기간을 보장해 주는 것도 상생하는 방법입니다. 채무자도 현재 경제적인 곤궁에 처해 있을 뿐 우리처럼 선량한 사람들입니다. 대화해 보면 서로 좋은 길을 찾을 수 있습니다.

통상 변제금액의 1% 정도를 채무자에게 지급하기도 합니다. 예를 들어 변제금액이 4억 원이라면 1%는 400만 원입니다. 당장 공과금이 연체되거나 생계가 어려운 분들에게는 적지 않은 돈입니다. 늘 채무 변제 독촉만 받다가 사례비를 준다고 하면 처음에는 잘 믿지 않습니다. 날을 세우며 거리를 두다가 사례비를 받으면 대단히 고맙게 생각합니다.

경매로 끝까지 가봐야 법정 최고 금리에 육박하는 연체이자만 늘어갈 뿐, 잉여금이 없다면 법원에서 100원 한 푼 주지 않습니다. 오히려 잔존 채무가 있다면 채권자로부터 추심을 받을 수도 있습니다. 이런 성황에서 사례비를 지급함으로써 채무자의 재기를 돕고 우리는 원하는 정보를 얻을 수 있습니다.

아무도 손대지 않는 곳에 황금 기회가 있다

해당 부동산도 마찬가지였습니다. 채무자로서는 하루빨리 처리해 보려고 몇 달 전부터 인근 중개소에 매물로 내놓았지만, 경매가 진행 중인 부동산이니 누구도 손을 대지 않았습니다. 저와 계약 후 입찰 3일 전 법원에 경매 취하서를 제출했는데, 입찰 당일까지도 유료 경매 사이트의 조회 수가 상당했습니다. 아마도 이 부동산의 경매 입찰을 준비해

온 이들에게 경매 취하는 힘 빠지는 일이었을 겁니다.

당시 소유자도 금융기관에 채무불이행자로 등록되어 신용카드 사용을 사용할 수 없었고 자신의 급여를 친구 명의로 받는 등 여러모로 불편을 겪고 있었습니다. 다행히 경매로 진행되기 전에 채무 전액을 변제한 덕분에 매우 홀가분해했습니다. 거래가 쉬이 성사될 수 있었던 이유는 소유자도 얼마에 낙찰될지 불투명한 데다가 낙찰 이후 배당까지 다시 몇 달이 소요되어 고금리의 연체이자를 물지 않아도 되기 때문이었습니다. 소유자는 몇 달이 지나면 채무불이행자의 딱지를 떼고 정상 신용자로 돌아올 터이니, 서로에게 좋은 거래였습니다.

이런 매물들도 잘 찾아보길 바랍니다. 경매는 취하시키면 정상적인 매물이 되므로 그 과정까지 약간의 시간과 수고가 들 뿐입니다. 그 수고는 부동산에 따라 큰 수익의 차이로 나타나기도 합니다. 일반 매물을 제값 주고 사는 것은 누구나 할 수 있습니다. 경매가 예정되어 있거나 진행 중인 부동산, 가압류나 가처분 등이 기재된 권리상 하자 있는 물건을 치유하고 싸게 사는 것은 다르게 투자하는 방법입니다. 황금 기회는 바로 여기에 있습니다.

낙찰가를 미리 알고
입찰하는 방법도 있다

2019년에 투자했던 상가입니다. 3호선 지하철역과 도보 3분 거리에 있는 실평수 100평짜리 상가의 감정가는 6억 원 정도였습니다. 한때 음식을 만들던 예식장의 대형 주방은 현재 상시 회원 수 100여 명의 탁구장으로 변신했습니다.

상가는 개별성이 강하기에 입찰가를 산정하기가 쉽지 않습니다. 하지만 경매를 신청한 곳이 유동화전문회사라면 이야기가 다릅니다. 담당 부서에 산정한 입찰가를 물어볼 수 있으니까요. 저 역시 입찰하기 전 채권자인 유암코 담당 직원과 통화했습니다. 제가 꼭 낙찰받고 싶다는 의지를 밝히고 담당자와 몇 차례 통화하며 몇 명에게 문의가 왔는지, 얼마에 입찰할 것인지를 물었습니다.

이게 가능한 이유는 유동화전문회사의 특수성 때문입니다. 유동화전문회사는 채권자의 입장에서 부실채권을 매각하기 위해 설립된 회사입니다. 그들은 채권금액 이상으로 낙찰을 받게 해 채권을 회수하는 게 목적입니다. 그러니 그들은 채권금액 이상으로 방어 입찰을 합니다.

투자자 입장에서는 그들의 입찰가만 알면 낙찰가를 알고 입찰하는 것과 마찬가지인 상황이 되는 것입니다. 나는 채권자의 입찰가보다 살짝 높게 써내기만 하면 됩니다. 게다가 유동화전문회사와 입찰이행계약을 하면 채권 매입가의 최대 0.9%를 수수료로 받을 수도 있습니다. 채권을 매입해보지 않은 분들은 채권자로부터 수수료를 받을 수 있다는 사실조차 모릅니다.

유동화전문회사의 담당자와는 사전에 의사를 조율하는 과정을 거쳐 입찰 당일 법원에서 만났습니다. 의정부지방법원 고양지원은 11시 10분이면 입찰 마감인데 저는 11시가 다 될 때까지도 기일입찰표에 입찰가를 적지 않고 있었습니다. 입찰 마감 전까지 최대한 제가 입찰하는 상가에 관심이 있는 투자자가 몇 명인지 확인하기 위해서였습니다. 다른 입찰자가 늦게라도 채권자에게 연락을 할지도 모르니까요.

저는 고심 끝에 채권자의 방어 입찰 가격보다 200만 원을 더 써냈습니다. 결과는 200만 원 차이로 낙찰이었습니다. 이로써 역세권 대형 상가 두 칸을 3억 1240만원에 매입했고, 낙찰받는 데 들어간 비용은 7000만 원에 불과했습니다.

상가는 현재 고금리 상황에서 리스키한 상품에 속하지만

대형 상가를 기피하는 상황에서 경쟁 없이 수익을 낼 때면 짜릿함을 느낍니다.

낙찰 이후 시세 조사를 하면서 연락처를 줬던 인근 중개소를 통해 매입을 원한다는 연락이 왔습니다. 매도 의사가 없다고 했지만 재차 연락이 와서 10억 원이면 팔겠다고 했습니다. 팔지 않겠다는 의미였죠. 이 상가는 굳이 억 단위의 양도세를 내며 매도할 필요성을 느끼지 못합니다. 계속 보유하면서 얻는 임대수익만으로도 수익률이 높기 때문입니다.

이렇듯 투자는 남이 꺼려하거나 대중과 다른 예측을 했을 때 높은 성과를 기대할 수 있습니다. '차별화' 자체가 목적이 되면 안 되겠지만 투자로 시장 평균 이상의 초과 수익을 올리는 데는 좋은 방법입니다. 분명한 것은 행동하지 않으면 아무런 수익도 기회도 없다는 사실입니다.

아는 게 있어야
기회도 알아본다

모르면 위험하지만 알면 든든하다

수익형 부동산 중에 저는 서울 도심에 있는 지식산업센터를 선호합니다. 지식산업센터는 월세를 받을 수 있는 부동산 중 수익률은 높고 공실률은 낮습니다. 상가는 개별성이 강하므로 어떤 업종이 들어오느냐에 따라 수익률이 크게 달라집니다. 그러나 지식산업센터는 어떤 업종, 회사가 들어오든 시장에서 거래되는 임대 시세가 정해져 있습니다.

지식산업센터는 1인 기업이나 개인 사무실 또는 대기업이나 중소기업 계열사가 들어오기도 하고, 규모가 큰 상장회사가 들어올 수도 있습니다. 즉 아파트, 오피스텔, 도시형 생활주택이 개인에게 월세를 받는다면, 지식산업센터와 섹션 오피스 등은 주로 법인회사에게 월세를 받습니다.

업종은 스타트업, IT 관련, 방송 통신, 금융, 연구소 등 지식 기반 사업을 하는 회사가 주로 입점해 있습니다. 규모는 통상 지상 15~25층이고, 전용률은 45~55%가 많습니다. 일반 건물보다 평당 관리비가 20~50%는 저렴합니다. 은행, 구내식당, 세무사, 법무사 사무실 등이 입점해 있는 경우가 많아서 건물 안에서 웬만한 업무를 다 볼 수 있습니다.

최근에는 휴게실, 대형 회의실, 피트니스센터, 샤워실, 편의점, 커피숍 등 다양한 편의시설을 갖춰 분양하고 있습니다. 임직원은 물론 외부에서 손님이 올 때도 주차가 편리하고, 관리소에 24시간 교대로 직원이 상주하므로 늦은 시간까지 안전한 환경에서 근무할 수 있다는 장점도 있습니다. 수도권에는 용인, 안양, 과천, 하남, 고양, 송도 등에 많이 지어져 있고, 서울은 총 5개 권역으로 나눌 수 있습니다.

1. 구로가산디지털단지 권역: 구로디지털단지역, 가산디지털단지역

2. 성수 권역: 성수역, 뚝섬역 등

3. 영등포 권역: 당산역, 문래역, 영등포구청역

4. 강서 권역: 증미역~마곡나루역 라인

5. 송파·문정 권역: 문정역, 가락시장역 등

입지는
바꿀 수 없는 가치다

역세권 지식산업센터에 오래전부터 관심을 가졌던 이유는 건물을 지을 수 있는 부지가 희소하기 때문입니다. 서울에서 준공업지역이 차지하는 비율은 3.3%밖에 안 됩니다. 여기에 해당하는 성수, 문정, 문래, 당산 등은 입지가 좋고 발전 가능성이 큰 준공업지역입니다. 그러니 이제는 이 지역에 대형 건물을 지을 땅을 매입하는 일 자체가 쉽지 않습니다. 준공업지역은 지하철역에서 가까울수록 땅값이 비싸수익성이 나오지 않기 때문에 어쩔 수 없이 B급지나 C급지로 가야 합니다.

그렇기에 투자용으로 수익형 지식산업센터를 고른다면

되도록 서울 권역 내, 가급적 지하철역에서 가까운 곳이어야 자연스럽게 임대료가 방어됩니다. 정해진 기준은 없지만 매입할 때는 도보 5분 이내 거리가 좋습니다. 지하철역 출구를 기준으로 회사 앞 건물까지 도보로 5분 이내면 오랜 공실 걱정은 하지 않아도 됩니다.

아무리 신축이라도 지하철역에서 도보로 15분 이상 소요된다면 장기적으로 임대료가 상승하기 어렵습니다. 반면 한 번 자리를 잘 잡은 것들은 시간이 지나 건물이 노후하더라도 리모델링을 통해 새 건물로 탄생할 수 있습니다. 즉 껍데기는 돈을 들여 바꿀 수 있지만, 입지는 건물 자체를 들어서 옮기지 않는 이상 바꿀 수 없습니다.

기회를 못 잡는 이유는
돈이 없어서가 아니다

서울 2호선 당산역 근처에 지식산업센터가 경매에 나와서 입찰했습니다. 수익형 부동산 중 지식산업센터는 대출 가능 비율이 높습니다. 저는 지식산업센터를 사면서 85%

이하로 대출을 받아본 적이 없습니다.

2023년 1월에도 분양가의 90%를 대출받았습니다. 이는 임대보증금을 받으면 내 돈이 들어가지 않는다는 것입니다. 당시 실투자금 3000만 원으로 월 140만 원을 받을 수 있다고 친구와 지인들에게 먼저 투자를 권했습니다. 3000만 원만 있으면 지하철역 바로 앞 지식산업센터를 매수할 수 있다고 했지만 돌아오는 대답은 비슷했습니다.

"지금 있는 회사가 나가면 어떡하지?"

"가족에게 물어볼게."

현재 임차인이 나가면 공실 상태가 될 테니 두려울 수 있습니다. 하지만 미래의 일을 알 수는 없고, 아직 일어나지 않은 일을 미리 걱정할 필요도 없습니다. 누구와 상의하거나 물어보겠다고 한 사람치고 매입한 사람은 단 한 명도 없었습니다. 자신도 판단이 서지 않는데 잘 모르는 사람에게 물어보겠다면 어떤 답변이 나올지 뻔하기 때문입니다.

그다음은 어디서 주워들은 지식으로 답하는 것입니다.

"무슨 센터라고? 옛날에 그거 아파트형 공장이라는 거 아니야? 공장에서 월세를 받아?"

한때 지식산업센터를 아파트형 공장이라고 불렀던 이유

는 아파트처럼 생겼으나 공장 용도로 사용하는 경우가 많아서였습니다.

"공실이 생기면 어떡해?"

"야, 대출을 그렇게 많이 받다가는 후회해. 앞으로 금리 또 올라산다는데….."

물론 이해는 합니다. 대출이 있는 상태에서 공실이 생기면 자금흐름이 막힐 테니 걱정이 되는 것도 당연합니다. 하지만 2·5·9호선이 환승하는 당산역이라는 트리플 역세권의 입지는 공실이 될 확률을 낮춥니다. 만에 하나 공실이 발생한다면 월세를 10만 원 낮추는 등 조율하면 됩니다.

결국 아무도 투자를 안 해서 제가 낙찰받았습니다. 그런데 낙찰받자마자 월세를 낮추기는커녕 예상보다 15만 원을 더 올려 받았습니다. 1년이면 무려 300만 원의 고정소득이 추가로 생기는 것이니, 계약서를 쓸 때 '이 맛에 경매를 하는구나' 싶었습니다.

이것이 바로 초역세권의 힘이고, 서울 내 지식산업센터가 여느 상가보다 훨씬 안전하다는 이유입니다. 물론 전방위 투자를 하는 저는 상가 투자도 게을리하지 않습니다. 다만 상가는 리스크가 크기 때문에 그만큼 더 높은 수익률을 기대하고 투자할 뿐입니다.

　지식산업센터 매입으로 저는 약 40%의 수익률을 올렸습니다. 이는 처음에 들어간 투자금을 모두 회수하는 데 30개월(2년 6개월)이 소요됐다는 뜻입니다. 31개월째부터는 원금이 모두 회수된 상태로 매달 약 130만 원씩 연금처럼 수익이 생기는 셈입니다.

5장

부자가 안 되는 게
오히려 이상한 프로세스

●

투자는 긍정적인 생각과 실행만으로 상위 10% 이내에 들어갈 수

있는 분야입니다. 어차피 안 될 거라며 지레 겁먹고 포기하는 사람

들이 절반 이상이고, 일단 시작한 사람들도 조금이라도 난관이 생

기면 쉽게 포기하기 때문입니다. 이 장에서는 10년 이상 시장에서

살아남은 투자자에게 어떤 무기들이 있는지 알려드리겠습니다.

부동산 투자에도
순서가 있다

1단계, 시세차익 부동산의 시기
(투자 기간 1~3년)

초보 투자자는 종잣돈이 부족하기 때문에 갭투자부터 시작하는 것이 좋습니다. 갭투자는 급매나 경매로 아파트나 빌라와 같은 주거용 부동산을 전세 레버리지로 매입하는 방법을 뜻합니다. 아파트나 빌라를 투자할 때 입지 분석은 매우 중요합니다. 전세가가 오르고 있는 좋은 입지의 아파트를 골라서 최소 역전세를 맞지 않을 정도의 금액을 감안해 투자합니다.

갭투자는 임차인의 전세금을 활용하므로 대출이자는 걱정하지 않아도 됩니다. 하지만 월세 수입은 없습니다. 오로지 시세차익을 목표로 자산을 불려나가는 방법입니다. 그래서 역전세로 인한 보증금 반환 문제를 조심해야 합니다. 이는 좋은 신용을 유지함으로써 대출을 활용할 수 있습니다.

2단계, 수익형 부동산의 시기
(투자 기간 3~5년)

투자 경험과 자금 여력이 좀 생겼을 때는 수익형 부동산에 도전합니다. 상가나 오피스텔, 지식산업센터 등을 형편에 맞게 하나씩 매수해 갑니다. 비주거형 부동산은 주거형에 비해 월세가 높으므로 원활한 현금흐름을 만들어줍니다. 월세가 제2의 월급이 될 수 있도록 개수를 늘려가면서 운영해 봅시다.

기존에 갭투자를 했던 주택의 전세가 추이를 체크하며 계속 전세로 갈지, 월세로 전환할지 등의 기회비용을 따져 봅니다.

1. 전세 리스크: 전세가 하락으로 인한 역전세
2. 대출 + 월세 리스크: 금리 상승

두 리스크를 비교해 보고 시장 상황과 자신의 현금흐름에 맞춰 전월세로 전환해 가며 관리합니다. 혹은 주택 수 관리를 위해 엑시트를 고려하는 방법도 있습니다.

3단계, 분산투자의 시기
(투자 기간 5~7년)

부동산 실물 투자 경험이 제법 쌓였다면, 이제는 실물과 채권의 비율을 맞춥니다. 실물 투자를 계속 이어가되 채권에 대해서도 공부합니다.

특히 NPL 투자는 유망하고 예상외로 안전하기 때문에 매입하는 순간부터 이기고 시작할 수 있습니다. 앞에서는 사업적으로 접근하다 보니 인건비와 운영비 등에 치여 적자가 난 이야기를 했지만 투자자의 입장에서 보면 NPL이나 GPL(Good Performing Loan, 정상채권) 채권은 매력적인 투자처입니다.

현재 금리 인상으로 부실채권 규모가 늘어나고 있고 물건에 따라 원금 할인도 가능합니다. 담보 여력이 충분하거나 우량한 담보물, 1순위 채권자 지위를 확보한 채권 투자는 금리가 오르든 말든 리스크가 거의 없다고 보면 됩니다.

또 어느 정도 경험이 쌓인 후에는 마음이 맞는 투자자와 적극적으로 공동 투자를 시도할 수도 있습니다. 공동 투자의 장점은 투자금은 줄어들고 경험치는 높일 수 있다는 것입니다. 물론 수익도 지분율대로 나누어야 합니다. 경험을 쌓는 과정에서 자신만의 주특기 분야를 찾고 매수, 매도를 하면서 시장 흐름을 온몸으로 느낄 수 있습니다.

나는 지금 어느 단계에 있는지 생각해 보십시오.

앞 단계를 건너뛰고 다음 단계부터 시도하면 리스크가 높아집니다. 그렇다고 너무 신중한 나머지 첫 단계조차 시작하지 않는 것도 위험하긴 마찬가지입니다.

특히 초보 투자자가 유의할 점은 처음엔 보편성의 원리를 따르고 나중에 차별화를 만들어나가는 것입니다. 다수가 좋아하고 신뢰할 수 있는 자산을 취득하십시오. 이런 자산이 환금성이 높습니다. 담보물로서 가치 있고 원할 때 팔 수 있는 부동산이 좋은 부동산입니다.

예를 들어 주택이 비싸다고 비주택 투자에 먼저 관심을 가지지 마십시오. 비주택 부동산의 가격 상승과 거래량 증가는 자산 시장에서 규제를 피해 투자하려는 수요의 풍선효과인 경우가 많습니다. 즉 투자자들이 일차적으로 보는 투자 대상이 아닌, 차선의 투자로 선택되는 경우가 많다는 뜻입니다.

아래는 부동산이 오르는 일반적인 순서입니다. 특히 통화량이 증가해 시장에 돈이 돌기 시작하면 아래와 같은 순서대로 가격이 상승합니다.

1. 부동산 종류별: 대단지 아파트 → 중소규모 아파트 → 주상복합, 나 홀로 아파트 → 오피스텔, 빌라 → 상가, 지식산업센터 → 생활형 숙박시설, 분양형 호텔
2. 카테고리별: 분양권 → 신축 아파트 → 재건축, 재개발, 입주권 → 구축 아파트 → 대체 상품(빌라, 오피스텔, 상가, 지식산업센터)
3. 지역별: 서울 → 1기 신도시, 인천광역시, 서울과 인접

한 경기도 권역 → 경기도 외곽 → 지방 대도시 → 지방 소도시

4. 규모별: 중소형 → 대형

　또한 부동산 투자는 내가 사는 곳, 즉 내가 꾸준히 관심을 가질 수 있는 지역부터 시작하십시오. 그 지역의 특정 아파트 단지나 빌라의 매매가, 전세가, 월세가의 변동 추이를 살펴보십시오. 그래야 평소의 부동산 시세보다 현저히 싼 매물이 나올 때 빠르게 알아차릴 수 있습니다. 그런 물건을 처음 발견했을 때 가슴이 뛰지 않을 수 있을까요? 투자는 여기서부터 시작됩니다.

내 집이 아닌
첫 집을 사라

지금 당장 집을 사라

무조건 첫 집 마련은 하십시오. 내 집 마련이 아닙니다.
저는 첫 집 마련이라고 했습니다. 거주할 수 있는 공간이 없
다면 매월 비용 지출과 더불어 안정적인 삶을 누리는 데 어
려움을 겪을 것입니다. 혹시 혼자가 아니라 가족이 있다면
조금 더 불편할 것입니다. 투자를 시작하기 전에 최대한 자
신에게 유리한 환경을 만들어두어야 합니다.

많은 사람이 돈이 없어서 부동산 투자를 하지 못한다고
착각합니다. 돈이 없어서는 핑계일 뿐입니다. 돈은 모으는

게 아니라 굴리는 겁니다. 물이 고이면 썩듯 돈도 돌지 않으면 종잇조각일 뿐입니다. 그러니 종잣돈이 적더라도 내가 가진 돈에 맞는 투자 대상을 찾아서 소소하게라도 투자해보길 권합니다. 저축은 포트폴리오 중 일부일 때 헤지 상품으로서 가치가 있지, 올인 대상이 되면 안 됩니다. 돈을 모아서 집을 사겠다는 건 첫 집 마련 시기만 늦출 뿐입니다.

첫 집 마련은 인플레이션 헤지뿐 아니라 세금 혜택과 담보물 활용이라는 혜택도 얻을 수 있습니다. 4억 원의 전세 보증금을 안고 5억 원에 산 집(실투자금 1억 원)을 10억 원에 팔아서 5억 원이 남아도 세금을 한 푼도 내지 않습니다. 양도가액 기준으로 12억 원까지는 비과세 혜택이 있기 때문입니다. 특히 실제 보유하는 건 2주택이지만 1주택과 같은 양도세 비과세 혜택을 받을 수 있는 '일시적 1가구 2주택'을 적극적으로 활용하십시오. 그 요건은 아래와 같습니다.

1. 종전 주택을 취득한 날부터 1년 이상 경과 후 신규 주택 취득
2. 양도일 현재 종전 주택 2년 이상 보유
3. 신규 주택 취득하고 3년 이내 기존 주택 양도

갈아타기를 통해 자산을 불려나가야 합니다. 그러려면 일단 첫 집 등기부터 시작하세요. 첫발을 떼고 느리더라도 조금씩 확장해 가십시오. 부동산은 임대할 때보다 소유할 때 활용할 수 있는 방법이 더 많습니다.

이렇게 당장 투자를 시작하라고 하면 대부분은 '왜 하필 아무것도 준비되지 않은 지금이어야 하지?'라고 생각하기 마련입니다. 그러나 저는 도리어 묻고 싶습니다. 몇 년 뒤에 목표로 삼았던 종잣돈을 모았다고 가정합시다. 그때는 바로 투자할 수 있을 것 같습니까?

'지금 당장 하지 않으면 영원히 하지 않는 것과 같다.'

제가 좋아하는 말입니다. 처음부터 부동산 투자를 잘하는 사람은 없습니다. 자수성가한 부동산 부자들도 처음에는 가까스로 손해를 면하거나 몇백만 원만 남기고 부동산을 팔아보기도 하고, 매월 몇십만 원 정도 들어오는 월세로 출발했다는 사실을 기억하십시오. 그 단위가 달라지기까지 수많은 시행착오를 겪었을 뿐입니다.

누구나 리스크를 감수하지 않고 부자가 되길 원합니다. 하지만 그런 일은 불가능합니다. 투자는 꾸준히 오래 하는 사람을 이길 수 없습니다.

무주택자가 똑똑하게
레버리지를 이용하는 법

전세나 월세를 사는 게 맞는지 레버리지를 활용해 매입하는 게 맞는지 깊이 생각해 보십시오. 찾고 생각하고 중개소를 다니고 조사하고 다시 생각해 보십시오. 비교하고 결정하고 판단하는 연습을 하세요. 그게 부자들이 하는 일입니다. 부자들은 끊임없이 자산을 증식합니다. 가진 돈이 부족하다고 포기하지 마세요. 안주하거나 포기하는 순간 자본주의 사회는 그에 대한 대가를 요구합니다. 자신의 꿈과 욕구를 참으며 평생을 아껴 써야 하거나 우울, 결핍, 가난한 노후 등으로 이어지기도 합니다.

부동산은 고가의 자산입니다. 레버리지를 최대한 활용하는 것이 정상입니다. 자신과 돈을 갈아 넣어야 합니다. 투잡이든 사업이든 현금흐름을 만들어내고 키우는 노력이 필요합니다. 또한 은행이든 지인이든 필요시에 돈을 빌리는 것도 실력이고 신용이 필요합니다. 얼마에 사서 얼마에 팔아 수익을 낼 건지, 얼마의 월세를 받으면 이자를 문제없이 낼 수 있는지 등 자금 계획을 포함한 투자계획서를 작성해 보십시오. 그리고 이 계획표를 가지고 돈을 빌려보는 겁니다. 거절당하더라도 이런 연습을 자꾸 해봐야 합니다.

아직 무주택이라면 어떻게 해야 할까요? 우선 살고 있는 집의 보증금을 활용할 수 있습니다. 이 책에서는 부동산 투자 이후에 삶이 바뀐 분들의 이야기를 계속해 왔고, 이후로도 계속할 것입니다. 현재의 삶을 유지할지 새로운 삶에 도전할지는 여러분의 몫입니다. 수억 원의 보증금을 깔고 앉아 투자할 돈이 없다고 하는 분들을 수없이 보았습니다.

전세금은 최대 80%까지 활용할 수 있습니다. 예를 들어 전세금이 6억 원이라면 4억 8000만 원까지 대출이 나오니 내 돈 1억 2000만 원으로 전세 6억 원짜리 집에서 거주하는 겁니다. 그러면 대출받은 4억 8000만 원은 다른 부동산에 재투자할 수 있습니다. 주의할 점은 새롭게 맺은 전세계약만 가능하다는 점입니다. 이미 살고 있는 집은 전세자금대출 대상에서 제외됩니다.

전세자금대출을 받을 때도 DSR은 대출 실행을 결정하는 중요한 요소입니다. DSR은 대출자의 소득 수준에 대한 모든 채무의 원금과 이자의 비율을 뜻하므로, 연봉이 높지 않다면 대출 한도가 낮아지거나 대출 실행이 어려울 수 있습니다. 게다가 전세자금대출을 받으려면 집주인과 전세금을 증액해서 새롭게 전세계약을 맺어야 하는데, 이미 살고 있는 집의 계약서를 다시 써달라고 하면 순순히 써줄 집주인은 드물 것입니다.

이때는 집주인에게 보증금을 500만~1000만 원 올려준다며 임대차계약을 다시 맺자고 제안할 수 있습니다. 현재 같은 금리 인상기에는 대출금리가 높습니다. 이를 감안해 현재 고액 전세를 살고 있는 분들에게 가장 좋은 방법은, 전세를 월세로 전환해서 보증금을 낮춘 후에 그 월세 보증금에 대해서도 전월세 대출을 받는 것입니다. 최근 대출금리가 급격히 오르면서 대출이자가 월세보다 비싼 역전 현상이 나타나기도 합니다.

2023년 7월 현재 시중은행의 주택담보대출금리는 4%대 초반(부수 거래 충족 시)이며, 5년 고정금리는 4~4.5%, 변동금리는 4.6% 이상입니다. 신규 전세자금대출금리는 최저 4% 선이며, 전세 만기로 연장할 때 대환대출도 가능합니다. 참고로 제2금융권 신용대출금리는 8% 내외인데, 보험사 상품은 5년 고정금리가 4.7%부터 가능합니다(보험사는 DSR이 50%이므로 신용대출이 있는 경우 은행보다 한도가 더 나음).

전세금을 1년 치 월세로 전환하는 이자율을 뜻하는 전월세전환율은 서울 아파트 기준 4.2%로 4년 만에 최대치를 기록했습니다. 즉 전세금이 1억 원일 때 월세로 전환되면 연 420만 원, 월세로는 35만 원이 됩니다.

전월세전환율보다 대출금리가 높다면 임대인 입장에서는 전세자금대출을 받아서 이자를 내는 것보다 월세로 전환하는 것이 유리합니다. 월세 선호 현상이 일어나는 이유입니다. 만약 6억 원의 전세를 보증금 1억 원에 월세로 전환하면 5억 원을 현금으로 보유할 수 있는 동시에, 1억 원의 보증금도 전월세자금대출을 활용할 수 있습니다.

1억 원의 월세 보증금 중 8000만 원을 다시 대출로 현금화해 사용한다면 내 돈 2000만 원만 보증금에 묶이는 셈이고 5억 8000만 원을 손에 쥘 수 있다는 얘기입니다.

개인적 사정으로 자신의 집을 매도하고 그 집에 전세로 거주하는 경우도 있습니다. 이를 주인전세(점유개정)라고 합니다. 이때 매도한 집의 차익을 가져오는 것에 만족하지 말고 더 많은 현금을 만들 수 있습니다.

집주인에서 임차인으로 신분이 바뀌었으니 전세자금대출을 활용할 수도 있어야 합니다. 이때 전세보다는 월세로 전환해서 최대한 현금을 확보한 후 남은 보증금에 대해 전월세자금대출을 받는 방법이 있습니다. 전세자금대출은 DSR 계산 시 이자가 DSR에 포함되어 계산되지만 다른 대출과는 달리 DSR에서 차지하는 부분이 원리금이 아니기에 그 비율이 크지 않습니다.

이렇듯 현금흐름이 막혔을 때 전세자금대출을 최대한 활용하는 것이 좋습니다. 집주인이 임차인으로 신분이 바뀐 경우 매도자의 집에 대출이 있었다면 주택담보대출도 정리되었을 테니 그만큼의 DSR 비율이 살아나 대출 여력이 확보됩니다. 그러면 늘어난 대출 한도만큼 신용대출 등을 통해 당장 쓸 수 있는 현금을 마련할 수 있습니다.

다음의 대출 순서를 참고하세요.

1. 디딤돌 대출(2%대)

2. 보금자리론(중도상환수수료 없음)

3. 시중은행의 실수요자 대출

4. 시중은행의 일반 대출

현 정부는 대출의 우선순위를 무주택자, 1주택자, 청년층으로 두고 있습니다. 다주택자에 대한 대출 규제는 쉽게 풀리지 않을 것 같습니다. 정부는 대체 왜 금융 규제를 하는 걸까요? 가계대출이 증가하면 소비가 줄어들기 때문입니다. 내수가 살아나지 못하면 소상공인과 기업이 어려워지니 정부 입장에서 좋을 게 없습니다.

이런 상황에서 투자자는 금리의 높고 낮음을 핑계로 대지 않습니다. 기대수익률을 더 높게 잡거나 보수적으로 투자를 이어나갑니다. 이를 위해 매월 내야 할 이자를 감안해 대출을 받아놓는 분도 있습니다.

일단 안정을 찾고 투자나 사업을 준비하고 실행합니다. 여기에 더해서 사업자대출, 법인대출, 정책자금대출로 사고를 확장해야 합니다. 자본주의 사회에서 대출 능력은 원하는 목적지에 빨리 도달하게 해주는 중요한 요소입니다.

대출을 제대로 활용할 수 있는 방법은 증빙 가능한 소득 즉, 자신의 몸값을 높이는 것입니다. 어떤 곳이든 돈을 빌려주기 전에 차주의 상환 능력을 봅니다. 그러니 몸값을 올릴수록 더 좋은 신용과 대출 한도로 연결됩니다.

무조건
싸게 사라

유찰된 아파트에는 입찰하지 마라

2017년 저는 그동안의 다양한 경험에서 깨달은 '부동산 종류별 최적의 매입 방법'을 정리해서 첫 책에 실었습니다.

부동산을 매입하는 데는 여러 가지 방법이 있습니다. 꼭 중개소를 통해서만 부동산을 사야 하는 것은 아닙니다. 부동산을 내 것으로 만드는 방법으로는 청약, 일반 매매, 경매, 공매, 급매, 교환, 채권 매입, 미분양 매입, 수의계약 등 다양합니다.

저는 급매물을 제외하고 중개소를 통해서 잘 매입하지

않습니다. 지역별로 수많은 중개소 사장님과 친분이 있는데도 말이죠.

예를 들어 서울에 24평 아파트가 경매로 나왔다고 칩시다. 감정가가 현 시세 정도일 테고, 1회 유찰되어 20~30% 저감된 최고 금액으로 경매가 진행 중이라고 가정해 봅니다. 만약에 누군가 벅찬 마음으로 입찰을 준비하고 있다면 미안한 이야기지만, 투자에 있어서는 하수입니다.

유찰된 물건은 경쟁자가 10~20명이기에 낙찰받을 확률도 낮을뿐더러, 운이 좋아 낙찰받는다고 해도 시세와 크게 다르지 않을 겁니다. 여기에 명도비용, 이자비용 등을 감안하면 급매로 사는 게 나은 경우도 있습니다.

경매 초보자들은 꼭 기억하시기 바랍니다. 지방을 제외한 서울 및 신도시(분당, 일산, 부천, 안양, 수원 등)에 20평대 아파트가 경매로 나왔다면 입찰하지 않는 편이 좋습니다. 나중에 얼마에 낙찰되었는지, 몇 명이나 입찰했는지 결과만 확인하는 것으로 족합니다.

현재 실거래가 및 낙찰가, 전세가율 등을 공부 삼아 비교해 보고, 시세 추이를 파악하고 나중에 급매물을 매입하는 데 참고자료로 활용하면 됩니다. 사실 경매로 나온 아파트는 30평대 초반까지도 남는 게 거의 없다고 봐야 합니다.

저는 차라리 급매로 사는 편이 좋다고 봅니다. 집 상태도 확인할 수 있고, 시간도 절약되고 무엇보다 마음 졸이지 않아도 되니 정신 건강에도 도움이 됩니다.

중대형 아파트는
경매가 싸다

그럼 아파트는 경매로 하지 말아야 할까요? 40평대 이상의 중대형 평수라면 이야기가 달라집니다. 특히 서울이 아니라면 더욱 그렇습니다. 저는 수도권이나 지방의 중대형 평수 아파트를 경매나 공매를 통해 싸게 매입합니다.

"중대형 평수 아파트가 잘 팔려요?"

제발 이런 어리석은 질문은 하지 마세요. 단기 차익이 목적이라면 싸게 사서 다른 매물보다 낮은 가격에 내놓고 마음 편히 기다리면 됩니다. 저는 낙찰 후 잔금을 치른 지 2주도 안 되어 40~50평대의 아파트를 여러 채 매도한 적이 있습니다. 투자금 대비 적지 않은 수익을 남기면서 말입니다.

대출을 활용해 시기와 자금 상황에 맞게 전세나 월세를 주어 투자 원금을 회수하는 데 노력을 기울이면 됩니다. 중요한 건 원금 회수입니다. 자금이 묶이면 재투자하는 데 시간이 걸리기 때문이죠. 가슴이 뛸 정도로 좋은 물건이 나왔는데 투자할 돈이 없으면 정말 가슴이 쓰립니다.

도배나 화장실 수리, 싱크대 등을 새로 해놓고 시세보다 1000만~2000만 원만 낮춰서 팔아도 귀찮을 정도로 매수 및 임차 문의가 옵니다. 싸게 사서 욕심을 줄이면 다 팔립니다. 63빌딩도 싸게 내놓으면 팔립니다.

이미 사람들이 북적대는 곳에는 먹을 것이 없습니다. 그런 곳은 경매로 낙찰받기도 매우 어렵습니다. 투자금이 적고 안정적이니 너도나도 경쟁적으로 몰려들기 때문입니다. 임장을 가보면 이미 많은 사람이 다녀갔을 것입니다.

부동산 종류에 따라
싸게 사는 방법은 따로 있다

상가 매입도 마찬가지입니다. 상권이 좋다고 판단되는 상가를 매입할 때는 낙찰 결과를 확인한 다음에 중개소에 가십시오. 그곳을 통해서 인근 건물의 상가매물을 매입하는 편이 낫습니다. 아마도 이런저런 비용을 제하면 경매 낙찰가보다 그 편이 싸다는 사실에 놀랄 겁니다. 아쉽게도 경매를 수로 하는 분들은 오직 경매로만 매입하려고 해서 오히려 좋은 기회들을 놓치곤 합니다.

그 밖에 지식산업센터나 섹션오피스의 투자법도 따로 있습니다. 본인이 직접 사무실로 사용할 계획이라면 분양받는 것이 좋습니다. 원하는 평수와 층, 구조, 방향 등을 선택할 수 있고, 정부에서 정책자금 활용이나 중소기업 지원 등의 명목으로 초저금리의 매입자금대출을 해주기 때문입니다. 여기에 취득세 50% 감면, 재산세 5년간 37.5% 감면, 법인 등록세 감면 같은 세금 혜택도 받을 수 있습니다.

만약에 월세를 받을 목적이라면 상권이 형성된 후 경매나 급매로 취득하는 편이 낫습니다. 이유는 좀 더 싸게 취득할 수 있고, 낙찰가의 80~90%를 시중은행에서 대출해 주기 때문입니다. 여기에 임대보증금을 회수하면 취득세, 등기 비용 이외의 비용이 거의 들어가지 않으므로 실투자금 대비 최대의 수익률을 기대할 수 있습니다.

이렇듯 부동산 종류별로 수익률을 극대화할 수 있는 거래 방법이 따로 있습니다. 부동산별 최적의 매입 방법을 정리하면 다음과 같습니다.

1. 소형 아파트, 원룸 오피스텔: 급매 또는 분양
2. 쓰리룸 이상 오피스텔, 대형 아파트: 경매 또는 급매
3. 단독주택, 다가구주택: 경매 또는 급매
4. 지식산업센터: 분양(실사용 시), 경매 또는 급매(임대 시)
5. 업무용 오피스(도심이나 유망 택지지구 중심부): 분양
6. 1층 상가(지방 제외): 분양 또는 일반 매매
7. 2층 이상 상가(수도권, 지방): 경매 또는 급매
8. 모텔, 호텔, 대형 상가: 경매, NPL

당장 수익이 나는
부동산에 투자하라

투자는 수익을 내는 것이 목적입니다. 아무리 열정과 지식이 많아도 성과가 적으면 부동산 투자를 지속하기 힘듭니

다. 맨 처음에는 수익보다 경험에 초점을 맞춰야 하지만, 초보 딱지를 뗐다면 더 똑똑한 투자를 해야 합니다.

월세보다 이자가 많거나 전세가 상승분으로 지속적인 수익을 주지 못하는 부동산이라면 아무리 싸다 해도 매입할 이유가 없습니다. '언젠가는 개발이 되어 좋아지겠지. 그때까지 이자를 내며 버티자'는 식의 투자 방식은 이제 통하지 않습니다. 현시점에서 수익이 나지 않는 부동산을 미래에 대한 기대감으로 먼저 매입할 필요가 없다는 이야기입니다.

등기와 동시에 바로 임대수익이든, 시세차익이든 수익이 나는 부동산이어야 합니다. 투자금이 적게 들어간다고 해서, 무조건 저렴하다고 해서 매입해서는 안 됩니다. 투자금 대비 수익을 최대한 끌어올릴 수 있어야 합니다. 즉 현금흐름을 만들 만한 가치가 있거나, 개발 호재로 가격이 오르고 있거나, 다른 사람은 간파하지 못했지만 가치가 올라갈 가능성이 있는 부동산이어야 합니다.

여기에 더해 부동산별로 효율적인 매입 방법을 알아두면 더 많은 기회를 발견할 수 있습니다. 이것이 부동산별로 최적의 매입 방법을 알아두면 좋은 이유입니다.

정말 소액으로
부동산에 투자할 수 있을까?

소액투자의 정석,
갭투자의 빛과 그림자

2020~2021년은 전국이 '갭투자'로 뜨거웠습니다. 갭투자는 은행 대출이 아닌 임차인의 보증금을 활용해 투자하는 방식으로, 전세라는 독특한 제도 덕분에 우리나라에서만 할 수 있는 투자법입니다.

이자 부담 없이 최소한의 자금으로 환금성이 높은 실물자산에 투자하는 것이 갭투자의 목적입니다. 자금이 별로 없는 사람도 도전할 수 있고, 대출을 받지 않아도 되니 금리가 오르든 말든 신경 쓰지 않아도 되며, 한 채당 투자금이 적은 만큼 여러 채를 매입할 수 있다는 장점도 있습니다.

갭투자는 환금성이 높은 주거용 부동산이 주요 투자 대상입니다. 그중에서도 매매가 대비 전세가 비율이 높은 중소형 아파트로 많이 합니다.

갭투자는 늘 수요가 있어 전세가격이 꾸준히 상승하고, 공급보다 수요가 많은 지역에서 해야 합니다. 그렇기에 입지 분석은 필수입니다. 다만 부동산 하락장에서는 집값이 떨어져 전세 만기 시에 오히려 전세금 일부를 내어줘야 할 위험이 있습니다. 또 집값이 오르지 않았다면 세금만 내고 남는 것이 없는 하나 마나 한 투자가 될 수도 있습니다.

은행 빚을 내지 않으니 갭투자를 쉽게 생각하시는 분들이 있습니다. 그런데 보증금도 만기 시에 돌려줘야 하므로 부채가 맞습니다. 새로운 도로망이나 지하철역이 생길 계획이 발표되거나, 대규모 개발 호재로 인구가 계속 유입되고 있는 지역이라면 일단 투자 지역으로 합격점입니다. 여기에 전월세 가격이 매년 5% 이상 올라가고 있으며, 거래가 활발한 500~1000세대 이상의 대단지 소형 아파트라면 안정적인 갭투자가 가능합니다.

아무도 안 살 때
갭투자 하기

2021년 6월, 3000만 원 내외로 수도권 1기 신도시 아파트에 갭투자를 했습니다. 심지어 그때는 언론에서 앞으로 금리가 더 오를 거라고 겁을 주던 시기였습니다. 네이버 부동산을 검색하다가 부천 중동에 한라마을2단지 19평짜리 아파트 몇 채가 급매로 나온 것을 보았습니다.

너무 좋은 가격이라 지인들에게 사라고 권했습니다. 그런데 투자자들조차 지금은 아니라고 움츠러들더군요. 저는 이런 때를 오히려 좋아합니다.

바로 현장으로 달려가 가장 저렴하고 컨디션이 좋은 매물을 찾았습니다. 오래된 아파트라 외풍이 심한 외벽 쪽 호실을 제외하니, 3개의 매물로 압축되었고 그중 가장 고층인 매물을 골랐습니다. 엘리베이터만 있으면 저층보다 고층이 매도가 수월하기 때문입니다.

투자할 땐 항상 엑시트를 고려해야 합니다. 그런 점에서 2년 후에 금리가 더 오르면 시장 분위기도 더욱 나빠질 수 있었습니다. 실제로 2023년 초 매수 심리는 최악이었죠.

그럼에도 저는 매입하기로 했습니다. 매수가보다 시세가 떨어지더라도 월세로 전환하면 되고, 보증금 1000만 원에 월 70만 원(1년에 840만 원)은 받을 수 있었습니다. 수도권 대단지 아파트 수익률이 4.5% 이상 나오면 매입한다는 저의 원칙에 따라 진행했습니다. 1억 9300만 원에 매입했으니 각종 세금을 제해도 4%가 넘는 수익률이 나왔습니다.

1억 9300만 원에 매입하고 1억 6000만 원에 전세계약을 해서 실투자금은 약 3300만 원이었습니다. 2년이 안 된 2023년 2월에 2억 5000만 원에 매도해 5000만 원의 차익도 얻었습니다. 아파트를 팔기 매우 어려운 시기였음에도 1000세대 중에 제일 싸게 내놨더니 금세 계약이 체결됐습니다. 아무것도 하지 않았다면 얻지 못했을 소득을 한 번의 거래로 얻은 것이지요.

소액투자로
아파트에서 월세 받기

2017년 서울 강서구 방화동에 위치한 소형 아파트가 2억

3000만 원에 급매로 나왔다는 연락을 받았습니다. 당시 저는 지방의 산업단지 내 공장의 투자 여부를 검토하느라 바빴습니다. 자료를 보니 세대 수가 많지 않아 한번 검토한 뒤 넘어갈 생각이었습니다. 100~200세대 미만의 나 홀로 아파트지만 인근에 개발이 진행되고 있는 지역이란 것을 알고 퇴근 후 인터넷으로 자료를 찾기 시작했습니다.

임차인이 집을 보여주려고 하지 않았는데, 이는 다른 매수 의향자 역시 집을 볼 수 없었다는 의미입니다. 언제든 편하게 볼 수 있고 큰 하자가 없는 집이라면 이미 많은 사람이 보았을 테고, 저에게까지 차례가 오지 않았을 것입니다. 저는 오래된 아파트라면 전체 인테리어 비용을 감안하여 집을 보지 않은 상태로 계약하기도 합니다.

시세보다 매우 싸다는 점을 확인하자마자 바로 다음 날 오전에 계약금을 송금했습니다. 매도인이 돈이 급해 잔금일을 당겨주는 조건으로 2억 2500만 원에 매입했습니다. KB 시세가 나오지 않아 감정가를 최대로 제시해 준 금융회사를 선택해 1억 8000만 원을 대출받았습니다. 그리고 다시 월세 보증금으로 2000만 원을 회수했습니다.

단 초보 투자자는 신용등급을 먼저 확인하고 1금융권에

서 대출받는 것으로 시작해야 합니다. 반면에 투자를 몇 번 해본 사람은 대출 한도가 예상보다 잘 나오지 않는다면 시중은행만 고집할 필요는 없습니다. 제 경우 손해보험사도 적극적으로 활용합니다. 시중은행보다 금리가 더 낮은 때도 있으며, 중도상환수수료도 50%를 감면해 줍니다.

제가 매입한 뒤 그 아파트는 불과 몇 개월 만에 같은 층이 3억 가까이에 거래되었습니다. 저는 1억 8000만 원을 대출받아 이 아파트를 매입한 다음 보증금 2000만 원에 월세 80만 원으로 임대를 놓았습니다. 이자를 제외하고도 매월 35만 원의 월세가 들어오도록 세팅해 두었고, 약 2년 후 3억 원에 팔아 기간 대비 높은 수익률을 올렸습니다.

한 달에 1000만 원 버는
단기 소액투자

동두천은 경기도에서도 서울에서 가장 멀리 떨어져 있습니다. 다른 경기도 권역에 비해 수요가 많지 않고 양주시의 공급 물량에 영향을 받습니다. 이러한 이유로 현재 대다

수가 투자처로 좋지 않다고 생각합니다. 여기까지는 손품을 조금 팔아보면 누구나 할 수 있는 생각입니다. 하지만 누군가는 '그럼에도 불구하고' 실행해서 돈을 법니다. 그만큼 싸게 사서 싸게 팔면 되기 때문입니다.

2023년 6월, 30대 직장인은 생연동 브라운스톤 30평대 아파트를 2억 4300만 원에 낙찰받았습니다. 이 글을 쓰고 있는 7월 말 현재, 잔금을 치른 지 한 달 만에 2억 6900만 원에 매도계약을 마쳤습니다. 취득세 등 비용을 제외한 순수익은 약 1300만 원이었고, 제게 고맙다며 기프티콘을 보내왔습니다. 초보 직장인 투자자의 단기 투자 성과로는 괜찮은 성적입니다.

금리가 올라서, 물량이 많아서, 돈이 부족해서, 경기도 외곽이라서 등의 핑계를 대는 사람이 훨씬 많습니다. 하지만 같은 환경에서 다른 생각으로 수익을 올리고 있는 사람도 많다는 것을 알아야 합니다. 여러분도 이 책을 통해 긍정적이고 적극적인 마인드셋으로 다른 사고를 할 수 있다고 믿어야 합니다.

빌라 갭투자는
왜 위험할까

요즘에는 갭투자로 빌라는 어떠냐는 질문을 많이 받습니다. 2022년 불거진 빌라왕 사기 사건으로 '빌라를 사도 되나?' 하는 불안감이 생겼기 때문입니다. 빌라는 내가 원하는 시기에 팔리지 않을 수 있다는 전제를 두고 사야 합니다. 실거주용이라면 애들 초등학교 보낼 때까지라든지 아니면 처음부터 오래 살 마음으로 사면 됩니다. 만약에 투자용으로 빌라를 사면 계속 보유하고 있어야 할지도 모릅니다.

그러나 대지 지분이 넓은 서울 내 초역세권 빌라는 급매나 경매를 통해서 산다면 투자용으로도 괜찮다고 생각합니다. 다만 현재는 인천이나 부천 지역의 빌라에 7000만~8000만 원짜리 소액투자를 해서 수익을 거두기는 쉽지 않습니다. 재개발 지역의 빌라는 자산가들이 포트폴리오 차원에서 자녀들에게 줄 용도로 사놓기도 합니다만, 10년 이상 기다려야 하므로 초보 투자자들에게는 추천하지 않습니다. 재개발 지역의 빌라를 매입할 때는 언제나 기회비용을 잘 따져보아야 합니다.

싸게 나온 물건엔
이유가 있다

얼마나 싸야 급매물이 되는 걸까

부동산을 싸게 취득하는 방법 중 가성비가 좋은 것이 급매물 매입입니다. 잘 잡은 급매물 하나가 열 경매 부럽지 않다는 말이 있습니다.

먼저 얼마나 싸야 급매물이라 할 수 있을까요? 어떤 이는 1000만 원만 싸도 급매물이라고 하고, 어떤 이는 10% 이상 싸야 급매물이라고 합니다. 일반적으로 5~10% 저렴하게 나온 물건을 급매물로 칩니다. 주의할 점은 가격 상승기와 침체기에 각각 다른 감가율을 적용한다는 것입니다. 저는 가격 상승기에는 5% 내외, 침체기에는 10~15% 저렴할 때 급매물로 분류합니다(2023년 7월 현재 수도권은 15%까지 어려움).

일반인은 토지나 상가보다 주로 주택, 아파트, 빌라 등에서 급매물을 찾습니다. 이유는 시세 파악이 쉽고 환금성이 좋아서입니다. 고가의 건물이나 토지, 상가는 인근 거래 사례 등으로 유추할 수는 있지만, 전문가조차 정확한 금액을 산정하기가 쉽지 않습니다.

또 금액을 아무리 낮춰도 팔리지 않던 것들이 일정 시간이 지나면 갑자기 매수자가 나타나 제 가격 이상으로 팔리는 경우도 많습니다. 따라서 굳이 팔리지 않는 땅이나 상가가 있다면 가격만 계속 낮추는 것이 능사는 아닙니다.

이와 달리 주거용 부동산(주택, 아파트, 빌라, 오피스텔 등)은 시세 파악을 비교적 쉽게 할 수 있기에 시장에 나오는 즉시 빠르게 소화됩니다. 이런 투자에서는 정보력과 빠른 판단력이 필요합니다. 좋은 급매물은 금방 거래되기 때문에 나에게까지 차례가 오는 건 쉽지 않습니다. 하지만 지금 이 순간에도 좋은 급매물은 계속 나온다는 걸 기억하십시오. 기회는 누구에게나 열려 있습니다.

이유를 알아야
좋은 물건을 구별할 수 있다

'어? 왜 이렇게 싸게 나왔지?'

급매물을 발견하면 물건을 올린 중개사에게 전화해서 바로 확인해 봅니다. 선호하지 않는 동인지, 비확장형인지, 상속 재산인지, 권리상 하자가 있는지 등 싸게 나온 이유를 자세히 물어봅니다.

급매물을 찾기 전에 한번 생각해 봅시다. 내 귀한 부동산을 시세보다 싸게 처분하고 싶은 사람이 있을까요? 대부분 권리상·물건상 하자나 개인 사정이 얽혀 있기 때문인데, 투자자로서 가치가 있는 건 아무래도 소유자의 개인 사정에 의한 경우입니다.

소유자가 사업 자금, 건강, 사고, 자녀 결혼 등으로 급전이 필요하거나, 외국에 오래 거주해 시세를 잘 모르거나, 한국에 들어오지 않았거나, 양도세 문제로 3년 안에 매도해야 하는 등의 사유라면 매수자에게는 기회입니다.

다른 이유로는 권리상의 문제로 급매물이 나오는 경우가 있습니다. 경매개시결정등기가 설정되어 경매에 나왔거나 채권가액이 초과되었거나 가압류·가처분 등 등기부상 하자가 있을 때도 싸게 살 수 있습니다. 하지만 이런 경우 반드시 전문가와 상의해서 진행하기를 권합니다.

예를 들어 매수인 A는 열흘 안에 모든 권리를 말소시켜 준다는 매도인 B의 말을 철석같이 믿고 가압류, 가처분이 있는 부동산을 계약했습니다. 계약금을 다 넣어놓고 상담을 받으러 갔는데, 권리상 하자 있는 부동산은 이미 낸 계약금을 돌려받기 어렵다는 사실을 듣습니다. 입금된 순간부터는 사람이 아니라 돈이 거짓말을 합니다. 그러니 이런 권리상 하자 있는 부동산을 급매로 매입할 때는 중개사보다 변호사, 법무사의 도움을 받아야 합니다.

이때 계약금은 매도인에게 바로 지급할 것이 아니라 보증보험이 가입된 중개소에 예치한 후, 불이행 시에는 계약금의 배액을 상환받고, 하자 치유 시에는 매도자의 계좌로 이체하면 됩니다. 되도록 중도금이 들어가기 전에 정리되는 것이 좋습니다. 상황이 여의치 못할 때는 지급한 중도금으로 잔금일 전에 모든 등기상 하자를 말소하면 안전하게 소유권을 넘겨받을 수 있습니다.

잔금일 전에 등기부상 권리 변동이 있었다면 배액상환은

물론 매도인의 계약불이행으로 매수인에게 물어야 할 손해배상책임의 범위까지 특약에 넣어둡니다. 소유자의 국세완납증명서(홈텍스 발급), 지방세완납증명서(민원24 발급) 등을 요구해 세금 체납 여부를 확인하는 것도 도움이 됩니다.

물건 자체의 하자로 급매물이 나오는 경우도 있으니 주의해야 합니다. 이런 경우 진작부터 급매물로 나왔을 확률이 높죠. 물건의 상태를 잘 모르는 어리숙한 매수인을 찾는 중일 겁니다.

예를 들어 새시 시공이 잘못되어 있거나, 심한 결로가 있는 경우 겨울에 온 집안에 곰팡이가 피기 때문에 매년 도배를 새로 해야 한다거나, 구조상 냉난방이 되지 않아 봄이나 가을에만 집을 보여주는 경우도 있습니다. 기름보일러나 전기로 난방하느라 난방비 폭탄을 맞는 집이 있는가 하면, 낮에는 몰랐는데 밤에 가보니 주차할 곳이 없어 매번 눈치 싸움을 해야 하는 집도 있습니다. 월세는 저렴한데 기본 관리비가 수십만 원씩 나오는 집도 있죠. 급하게, 싸게 나온 데는 이유가 있으니 꼼꼼히 살펴보아야 합니다.

저는 권리상 하자가 있는 부동산을 선호합니다. 경쟁자가 적기 때문입니다. 경매가 진행 중인 집도 얼마든지 거래할 수 있습니다. 심지어 대출도 가능합니다. 한 번도 해보지 않았기에 안 된다고 생각할 뿐입니다.

비과세를 위한 매도, 갑작스런 이주나 발령, 이민 같은 매도인의 사정에 의한 급매물을 노려야 합니다. 이때 매도자는 무조건 빨리 거래하는 것이 목표이므로 추가로 조건을 협의할 수도 있습니다. 또한 갈아타기 문제로 매매할 수밖에 없는 매물도 종종 나옵니다. 이 경우는 중개사를 통해 잔금을 빨리, 원하는 조건에 맞춰주겠다고 하면서 가격을 조정할 수도 있습니다.

싸고 좋은 부동산을
빠르게 낚아채는 법

급매물은 네이버 부동산을 이용하라

급매물 정보는 어디서 얻으면 좋을까요? 경제신문이나 인터넷 광고 등에 급매물이나 부동산 교환 광고가 많이 나옵니다. 그러나 정작 거기에 돈이 될 만한 물건이 있는지에 대해서는 회의적입니다. 이런 쪽은 소위 선수들이 많아서 경험이 없는 분들은 사기를 당할 수도 있습니다.

급매물에 대한 정보를 얻는 첫 번째 방법은 10년 이상 오래 중개업을 해왔고, 자신의 일에 자부심이 있는 중개소 사장님과 좋은 관계를 형성해 놓는 것입니다. 거래하는 부동산의 개수가 늘어갈수록 매매와 임대를 하는 과정에서 자연히 인맥도 늘어갑니다. 그러나 부동산이 없어도 의지와 노력이 있으면 친분을 쌓을 수 있습니다.

두 번째 방법은 네이버 부동산 매물을 수시로 들여다보는 것입니다. 급매물은 인터넷에 등록되지 않을 거라는 고정관념을 버리십시오. 대단지 아파트의 경우 단지별로 10여 곳 이상의 중개소가 경쟁하는 탓에 인터넷에 급매물을 바로 등록하기도 합니다.

중요한 것은 신속한 의사결정을 할 수 있는 내공을 키우는 일입니다. 급매물 매입은 속도가 생명입니다. 개인 사정에 의한 초급매물이라면 등록일로부터 보통 며칠 안에 거래되기 때문에 이것저것 재다가 뒷북만 칠 수 있습니다.

급매물은 빨리 결정해야 하므로 현장에 바로 갈 수 없을 때는 인터넷 검색이나 전화 통화로 조사한 후 계약금 먼저 보내는 경우도 많습니다. 현장 확인이 꼭 필요할 때는 중개사에게 해당 부동산의 사진이나 동영상을 찍어서 보내달라고 하거나 인근에 사는 지인에게 부탁하기도 합니다. 아무리 바빠도 확인할 것은 해야 하고, 뜻이 있다면 방법은 얼마든지 있습니다.

급매물 매입을 위해
미리 준비해 놓아야 할 것

    특히 중소형 아파트의 경우 환금성이 좋아서 단기간에 수익을 올릴 수 있으니, 초보자도 얼마든지 도전해 볼 만합니다. 네이버 부동산에서 과거 3년간의 실거래가 확인 및 전월세가 거래 자료를 분석해 보고, 현재 나온 매물 중 최저·최고 가격 수준을 파악합니다. 위성지도로 방향과 조망 등도 살펴봅니다.

    이때 지역 분석은 필수일 뿐 충분조건은 아닙니다. 개별 분석으로 해당 동과 주 출입구, 커뮤니티센터와의 거리 등도 확인하고, 거실에서의 조망이 어디를 보고 있는지도 알아야 합니다. 소음과 진동 여부, 냄새도 고려사항입니다. 단지 내 놀이터 앞의 저층이나, 쓰레기 분리수거장을 거쳐 들어가야 하는 동은 피하는 것이 좋습니다.

    급히 결정해야 하거나 임차인이 집을 보여주지 않는 등의 이유로 내부 상태를 확인하지 못할 때도 있습니다. 그럴 때는 어차피 10년이 지난 아파트라면 전체적으로 새로 수리한다는 가정하에 수리비를 감안해 매입하면 됩니다.

그리고 급매물을 노릴 때는 계약금 정도는 늘 준비해 놓아야 합니다. 부동산과 주식 투자를 병행하는 분들은 좋은 위치의 상가 건물이 급매로 나왔을 때 마침 현금이 증권계좌에 묶여 있는 바람에 아까운 매물을 놓칠 수 있습니다. 주식을 팔아도 계좌 입금까지 이틀이 걸리기 때문입니다. 좋은 매물이 나오면 그때 가서 지인이나 친척에게 빌려야지, 하는 안일한 생각이라면 급매물 매입은 어렵습니다. 급매물 이야말로 준비된 자만이 잡을 수 있는 기회입니다.

그러니 매수자 명의의 대출 한도 관리 및 신용 상태를 최상으로 유지해 두어야 합니다. 아파트의 경우 대출 한도는 KB시세로 일반 평균가의 70% 내외입니다(비규제지역). 신협, 새마을금고, 등록된 대부업체 등을 이용하면 부동산 및 차주 소득에 따라 80~90%까지도 받을 수 있습니다.

다만 고금리 시기이니 이자를 감당할 수 있는지, 실투자금이 얼마나 필요할지 등을 잘 파악해 투자를 결정하는 게 좋습니다.

대출받을 때 KB시세가 없는 경우는 금융기관에서 자체 감정을 시행합니다. 계약서가 없어도 가능합니다. 해당 주소를 알려주거나 계약서 앞면을 임의로 작성해서 보내주면

탁상감정(탁감) 또는 실사 후 자체 감정을 통해 감정가격 및 대출 한도와 금리를 안내해 줍니다. 비용은 공짜입니다.

KB시세가 중요한 이유는 이를 근거로 시중은행의 대출 한도가 정해지기 때문입니다. KB시세는 매월 실거래가 신고를 바탕으로 매매가·전세가·월세가가 업데이트되며, 아파트 투자 시 참고 자료로 유용하게 쓰입니다. 해당 평형을 클릭하면 상위·하위 평균 시세까지 나옵니다.

급매물 시세를
확인하는 법

부동산 호황기에는 상위 평균가보다 높은 가격으로 많이 거래됩니다. 계약과 동시에 등록되는 것이 아니라 계약 체결일로부터 30일 이내에 신고하면 되기에 한두 달 정도 시차를 두고 전산에 반영되기 때문입니다(2023년 8월부터 실거래뿐 아니라 소유권 이전 등기일자도 공개). 보통 중개소를 통해 매매하므로 계약 후 잔금을 치르기 전 부동산 소재지 관할 구청에 거래금액을 신고합니다.

호황기에는 집주인이 호가를 높이거나 매물을 거둬들여 매수자들이 사고 싶어도 못 사는가 하면, 불황기에는 아무리 가격을 내려도 거래되지 않습니다. 따라서 몇 건의 실거래 가격만 보고 매입가를 판단하는 것은 위험합니다.

아파트 매입 전 가장 먼저 확인하는 것이 KB시세와 실거래가입니다. 전국의 웬만한 아파트는 KB시세에 나옵니다. 은행에서 KB시세를 대출 한도의 기준으로 삼는 곳이 많기 때문입니다.

그러나 세대 수가 100세대 이하거나, 대단지라 하더라도 준공 후 미분양이 발생한 아파트라면 KB시세에 등록되지 않습니다. 이런 경우 꼭 발품을 팔아 주변 시세를 바탕으로 직접 시세를 확인해야 합니다.

인터넷에 나온 매물조차 없거나 매물이 한두 건에 불과하다면 그 진위를 파악하기가 쉽지 않습니다. 보통 네이버 부동산을 통해 현재 나온 매물의 가격대를 참고할 때가 많습니다. 한 중개소에서 집중적으로 등록된 매물이거나 실거래가와 등록된 매물의 가격 차이가 크다면 한 번쯤 의심해 보는 것이 좋습니다. 예전보다 줄어들긴 했지만, 여전히 업 혹은 다운 계약서로 신고하는 사례가 있기 때문입니다.

이럴 때는 해당 부동산에서 가장 가까운 중개소 서너 곳을 방문해 매도할 때(임대할 때)와 매수할 때(임차할 때)의 시각으로 전세, 월세 각각의 시세를 확인해 보십시오. 과거에 경매로 낙찰된 사례가 있는지도 살펴보면 도움이 됩니다. 매년 누적된 경매 건수가 상당하기에 중형 규모 단지 이상이라면 어렵지 않게 낙찰가, 입찰한 인원수 등 매각통계를 찾을 수 있습니다. 몇 동, 몇 호가 언제 얼마에 낙찰되었는지 정확히 나오기에 자료로 참고할 가치가 있습니다.

제가 얼마 전 매입한 아파트도 거래된 사례가 거의 없어 시세를 산정하는 데 애를 먹었습니다. 하지만 해당 아파트 특정 호수가 1년 전 경매로 매각된 사실을 인터넷 검색으로 알았습니다. 감정가, 낙찰가, 입찰자 수, 2등 입찰가, 주변의 동일 평형 아파트 매각통계 등을 참고해 쉽게 시세를 파악할 수 있었습니다. 급매가가 1년 전 경매 낙찰가보다도 낮은 금액이었기에 매입 여부를 판단하는 데 결정적인 도움이 되었습니다.

이 밖에도 집 내부 상태가 좋지 않다면 도배나 장판, 싱크대 교체 등 수리비용으로 가격을 더 내릴 수 있는지 중개소와 상의해 봅니다. 오래된 집이라면 누수 흔적 등이 있는지 천장을 잘 살펴보십시오. 더 꼼꼼히 조사하고 싶으면 아랫집에 양해를 구하고 누수된 적이 있는지 문의해 보는 것도 좋습니다.

수익형 부동산으로
현금흐름을 만들어라

오피스텔은 투룸 이상이 좋다

원룸이나 도시형 생활주택은 1인 가구를 위한 집입니다. 건축회사 입장에서는 일정 부지만 확보하면 저렴하고 쉽게 지을 수 있습니다. 즉, 공급이 원활합니다.

그러나 거주자 입장에서는 좁은 공간에 비해 관리비가 많이 나오며, 주차가 불편합니다. 가족 단위로 오래 머물 수 있는 곳이 아니기에 1년 단위 또는 그보다 자주 임차인이 바뀝니다.

오피스텔 투자에 관심이 있다면 원룸보다는 투룸 이상에

관심을 두십시오. 오피스텔은 일반적으로 대지 지분이 작고, 환금성도 낮습니다. 건물은 시간이 지날수록 감가상각되어 신축일 때 반짝 올랐다가도 몇 년 후 주변의 신축 오피스텔에 밀려 경쟁력이 떨어지면 임대료가 하락할 수도 있습니다.

그러므로 이를 상쇄할 수 있는 입지가 중요합니다. 제가 매수하는 오피스텔은 대개 공실이 없습니다. 그 이유는 서울에서 지하철역과 이어져 있거나 도보로 2~3분 이내에 위치해 있기 때문입니다.

오피스텔 투자의 핵심은 실거주 아파트를 대체할 장점이 있어야 한다는 것입니다. 그러면 임대료를 높게 받으면서도 오히려 공실 걱정은 하지 않아도 됩니다.

쓰리룸 이상의 오피스텔은 경매를 이용한다

쓰리룸 이상의 오피스텔은 경매나 공매로 낙찰받는 편이 좋습니다.

2017년에 9호선 급행역 초역세권에 있는 지하 3층부터 지상 14층까지, 두 동짜리 160여 세대의 오피스텔을 경매로 낙찰받았습니다. 여의도와 강남으로의 접근성이 좋으며, 초·중·고등학교 모두 도보로 통학할 수 있어 마음에 들었습니다. 고층에서는 한강이 내려다보이고, 공원, 영화관, 홈플러스, 은행 등의 편의시설이 도보 3분 이내에 있습니다. 방 3개, 화장실 2개의 35평형 오피스텔로 30평대 아파트와 같은 판상형 구조입니다.

2015년 분양가를 조사해 보니 약 4억 원이었고, 저는 1회 유찰 금액인 2억 7200만 원으로 단독 입찰해 낙찰받았습니다. 저 외에 경쟁자가 한 사람도 없어서 서울 초역세권의 오피스텔을 분양가 대비 최소 1억 원 이상 싸게 샀습니다.

이 정도 매물은 대부분이 한 번 더 유찰되기를 기다렸을 것입니다. 하지만 유찰이 많이 되면 경쟁률이 올라가 낙찰가는 오히려 더 높아질 수도 있습니다. 수많은 경쟁자를 제치고 높은 가격에 낙찰받는 것보다 이처럼 혼자 입찰해서 낙찰받는 편이 낫습니다.

만일 제가 이 오피스텔을 분양받았다면 수익률이 매우 낮았을 뿐만 아니라 많은 자금이 한곳에 묶여야 했을 겁니다. 투자자에게 수익이 낮은 곳에 자금이 묶여 있는 것만큼 끔찍한 일도 없습니다.

낙찰 직후 명도를 마치고 임대를 하기 위해 청소업체에 입주 청소를 의뢰했는데, 청소를 하던 중에 중개소에서 월세를 보러 온 손님이 있다는 연락을 받았습니다. 임대보증금 2000만 원에 월세 140만 원으로 즉시 임대계약을 체결했습니다. 농협은행에서 2억 1800만 원을 대출받으니 월이자가 67만 5000원(3.72%)이었습니다. 실투자금은 5000만 원으로 순수익은 월 70만 원대가 되었습니다.

5년이 지난 현재 시세는 6억 원 정도로 시세차익은 3억 원 정도입니다. 하지만 당장 매도할 의사가 없기에 시세는 큰 의미가 없습니다.

사람들은 흔히 오피스텔은 안 오른다는 고정관념을 갖고 있습니다. 그런 이유를 핑계로 대며 입찰하지 않았다면 지금까지도 단점만 보며 자기 합리화를 했겠지요. 저는 이후 10여 채의 오피스텔을 매수해 적게는 수천만 원, 많게는 억 단위의 수익을 올리고 있습니다.

전세와 월세를 분산해
자산을 관리하라

2022년까지 3~4년간 역세권 아파트의 전세가가 지속적으로 오르면서 제가 보유하고 있는 오피스텔들의 전세가도 많이 상승했습니다. 세금을 포함한 매입금액보다 전세가격이 수천만 원씩 올라서 투자된 자금 이상을 회수한 것도 있고, 법인으로 전환해 월세를 받는 것도 있습니다.

보유하고 있는 주택 수가 많아 종부세(종합부동산세)가 부담된다면 사업자등록을 해서, 개인 소유였던 주택을 설립한 법인 명의로 변경하여 주택 수 계산에서 빼면 됩니다. 임대사업의 장점은 목돈이 필요하면 보유한 담보물에 추가로 은행이나 개인에게 돈을 빌릴 수도 있고, 전세로 전환해 그 상승분만큼 투자금을 회수할 수도 있다는 것입니다. 또는 보증금을 낮추고 월세를 높여 매월 현금흐름을 만들어낼 수도 있습니다.

이렇듯 임대용 부동산을 몇 개 가지고 있으면 자금 사정에 맞춰 매도, 전세, 월세, 실거주, 사업화 등 효과적으로 자산을 운용할 수 있습니다. 임대보다 소유할 때 경우의 수가 많아지는 셈입니다.

저는 매달 만기 시점이 다가오는 부동산의 전월세 시세를 확인해서 그에 맞게 월세를 다시 조정하기도 합니다. 보증금을 올릴지, 보증금을 낮추고 월세를 올릴지, 전세를 주어 투자금을 회수한 후 다른 곳에 투자할지 등의 계획을 세웁니다.

입지가 아닌 수익률을
따져야 할 때

오피스텔 분양은 보수적으로 접근하자

오피스텔은 원룸보다 분양가(매매가)가 비싸다 보니, 초기 임대료도 비쌀 수밖에 없습니다. 혹시라도 입지가 좋지 않은데 신축이란 이유로 높은 분양가의 오피스텔을 덜컥 분양받지 마십시오. 이런 곳일수록 분양 대행사에서 향후 개발 계획을 과대 홍보합니다. 주변 시세보다 임대료를 높게 제시하고, 그 기준으로 분양가를 책정하기에 가격이 높을 수밖에 없습니다. 이는 현재가 아닌 미래의 예측 수익률이므로 분양 대행사의 말은 보수적으로 듣는 것이 좋습니다.

해당 지역에서 거래되는 임대 시세를 파악하십시오. 신축이라고 임대료를 너무 비싸게 책정하면 수요가 없어 시간이 갈수록 자연스럽게 임대료는 내려갑니다. 처음에는 내가 얼마에 샀는데 이 정도는 받아야지 했다가도 공실 기간이 길어지면 이자 부담에 월세를 내릴 수밖에 없습니다. 임대 시세를 잘 모르거나, 시세가 형성되지 않은 분양 시기에 신중하게 투자해야 하는 이유입니다.

임차인은 임대인이 얼마에 분양받았는지 관심 없습니다. 합리적인 임차료와 편리한 주거지를 찾아 언제든 떠날 수 있습니다. 중형 이상 오피스텔을 투자용으로 고를 때는 아파트보다 가격 경쟁력이 있어야 하고, 교통과 상권 이용이 편리해야 합니다. 오피스텔은 주거용이든 사무용이든 임차인에 따라 임대를 놓을 수 있습니다.

오피스텔은 수익률에 맞춰야 한다

2023년 봄에 서울 고척동에 공매로 복층 쓰리룸 오피스텔을 2억 3000만 원에 받았습니다. 해당 단지의 전세가는 2억 5000만 원 정도였고, 분양가는 3억 2000만 원이었습니다. 1억 5000만 원을 대출받고, 보증금 5000만 원에 월세 88만 원을 받고 있으니, 실투자금은 5000만 원이 들어갔습니다(취득세 4.6%, 약 1000만 원 및 세금 포함).

현재 저는 이 단지의 오피스텔을 여러 채 가지고 있습니다. 가치에 대한 확신이 있으면 같은 위치의 부동산이 좋은 가격대로 경매, 공매, 급매 등으로 시장에 나올 때마다 매입할 수 있습니다. 한 채를 샀다면 이미 시장조사를 했다는 뜻이므로, 투자도 관리도 매매도 여러 채를 같이하면 여러모로 효율적입니다.

오피스텔은 서울을 기준으로 취득세, 등기비용 등 모든 비용을 포함한 수익률이 6% 이상이라면 적극적으로 투자할 만합니다.

예를 들어 1억 원에 매입한 오피스텔의 취득세, 등기비용이 1000만 원, 임대보증금이 1000만 원이라고 가정해 봅시다. 최소 월 50만 원은 되어야 6%의 수익률이 나옵니다.

1. 연소득: 월 50만 원 × 12개월 = 600만 원

2. 수익률: 600만 원 / 1억 원 = 6%

　수도권은 1%, 지방은 2%의 기대수익률을 더하고, 반대로 서울 강남은 1%를 낮추는 식으로 자신만의 매입 기준이 있어야 합니다. 실제로 수요가 많은 강남과 서초 소재의 오피스텔은 수익률 5%대의 오피스텔을 찾기가 쉽지 않습니다. 보통 3~4%입니다. 그 정도 수익률이 성에 차지 않는다면 지방으로 눈을 돌려야 합니다. 지방의 경우 상권이 형성된 곳은 6~8% 수익률이 나오는 오피스텔을 어렵지 않게 찾을 수 있습니다. 하지만 지방 투자는 최대한 안전마진을 확보해야 합니다.

　월세가 잘 나오는 곳이라면 어디든 가리지 말아야 합니다. 종잣돈이 부족하다면 서울 요지만 고집할 일이 아닙니다. 오피스텔, 상가 등 수익형 부동산은 수익률을 높일 수 있도록 싸게 사는 것에 초점을 맞춰야 합니다.

왜 초보는 상가에
투자하면 안 될까?

상가 고를 때 진짜 두려워해야 하는 것

몇 년 전에 2~3주 동안 한 상가만 조사하고 분석하다가 매입을 결정한 적이 있었습니다. 그 부동산만 생각하면 가슴이 두근거렸고, 어떻게 리모델링해서 수익을 극대화할지 상상만 해도 즐거웠습니다.

그런데 공동 투자자와 의견 대립이 있었습니다. 초기 자금이 많이 들어간다는 이유였는데 그분과 며칠을 토론하다가 결국 매입을 포기했습니다. 결과적으로 그 상가에는 유명 프랜차이즈 업체가 입점했고, 그곳을 매입한 분은 현재

월 1000만 원 이상의 순수익을 올리고 있습니다.

이 이야기를 하는 이유는 투자자들이 부동산을 매입할 때 진짜 두려워해야 할 것이 무엇인지 말씀드리기 위해서입니다. 일반적으로 대출금액이 너무 커지는 것 자체를 두려워합니다. 하지만 정말 두려워해야 할 것은 가진 돈에 맞춰서 좋지 않은 부동산을 매입하는 것입니다. 다른 부동산도 마찬가지이지만, 특히 상가는 비싸더라도 반드시 입지가 좋은 곳을 매입해야 합니다.

월세를 받아보겠다는 마음과 욕심이 앞서다 보면 자칫 잘못된 선택을 할 수도 있습니다. 가진 돈에 맞추다 보면 입지나 상권이 약한 곳, 고층이나 이면, 먹통(건물 안쪽에 있어 외부에서 직접 출입이 불가능한 상가), 지하상가 등을 매수하고, 그러면 임대료 하락이나 공실 위험에 노출되고 맙니다. 차라리 대출을 조금 더 받아서 제대로 된 상가를 매수하십시오.

예나 지금이나 사람들이 걱정하는 것은 비슷합니다. 상가 같은 수익형 부동산에 투자하라고 하면 공실, 대출이자, 관리상의 위험("혹시 월세가 안 들어오면 어쩌죠?") 등을 떠올립니다. 상가는 임대차계약만 잘되면 관리가 수월하고, 상권 확장에 따라 월세와 자산가치가 올라가기 때문에 매력적입니다. 주거용 부동산 투자 경험이 있고 이미 보유 중이라면 소형 상가도 도전해 볼 만합니다.

특히 임대수익형 상가를 고를 때는 좋은 물건인데 가진 돈이 없어서, 대출을 너무 많이 받아야 할 것 같아서 포기하면 안 됩니다. 대규모 산업단지가 새로 들어오거나, 바닥권리금이 이미 높게 형성된 A급 상권에 우량 임차인이 입점해 있는 상가라면 매입해야 합니다. 그런 상가의 자산가치는 물가상승률 이상으로 빠르게 올라갑니다. 물론 해당 상가에 대한 정확한 상권 분석과 권리금, 이자비용 및 수익률 계산이 뒷받침되어야겠지요!

수익률 높은 상가 하나가
오피스텔 열보다 낫다

상가는 영업활동을 해서 수익을 내는 점포입니다. 임차인이 장사가 잘되어야 돈을 벌어 월세를 낼 수 있습니다. 당연히 상권의 영향을 많이 받으며, 한번 형성된 상권의 영향력은 쉽게 변하지 않습니다. 물론 세상만사 아무도 알 수 없고, 돈은 계속해서 어디론가 흐르고 있습니다. 그래서 상권이 형성된 곳의 상가는 관리가 편하고 월급처럼 따박따박 월세를 가져다주지만, 다른 상품보다 신중하게 접근해야 합니다.

특히 상가는 공실 위험이 큽니다. 주택은 필수재이지만 상가는 그렇지 않기에 아파트보다 공실 위험이 높은 것은 당연합니다. 주거용 부동산은 월세를 낮추면 어떻게든 임차인이 들어옵니다. 하지만 상가나 사무실 등은 경기변동의 영향을 더 크게 받고, 아무리 월세를 낮춰도 심지어 관리비만 내고 공짜로 들어오라고 해도 공실이 남을 수 있습니다.

상가는 수익률 측면에서 보면 주거용 부동산과 차이가 큽니다. 즉 투자금 대비 월세를 많이 받을 수 있습니다. 주거용 부동산과 비교해 관리도 쉽습니다. 주거용은 임차인이 바뀌면 도배와 장판을 새로 해줘야 하거나, 보일러가 고장나면 고쳐줘야 합니다. 만일 누수라도 일어나면 수리는 물론, 아랫집의 천장 공사와 도배까지 해줘야 하죠.

반면 상가는 장소만 제공하면 임차인이 상가의 내부·외부를 자기 업종에 맞게 알아서 리모델링하고 수리합니다.

특히 종잣돈이 부족하다면 아파트, 오피스텔 10채를 임대하는 것보다 상가 2개를 임대하는 것이 더 높은 수익률을 기대할 수 있습니다.

입지 분석과 함께 꼭 해야 할 임차인 분석

주거용 부동산은 입지만 좋으면 갭투자 하기에 괜찮습니다. 하지만 상가는 위치를 비롯해 상권, 유동 인구, 동선, 임차업종, 경쟁업소, 인근 공급량 등 고려해야 할 사항이 무척 많습니다.

경매로 나온 상가는 입지 분석과 함께 임차인 분석도 잘해야 합니다. 사업자등록일을 기준으로 대항력(이미 유효하게 성립한 권리관계를 제삼자에게 주장할 수 있는 힘) 여부가 결정되는데, 대항력이 없거나 환산보증금을 초과하는 경우가 많습니다. 낙찰자가 잔금을 납부하면 대항력이 없는 임차인은 상가를 비워주거나 낙찰자와 재계약을 해야 합니다. 퇴거불응 시에는 인도명령 절차 또는 명도소송으로 강제집행을 할 수 있습니다. 보통은 잔금 후 두 달 전후로 인도를 받습니다.

유치권, 선순위 권리 등의 사유로 소송을 진행하면 6개월에서 1년 이상이 소요될 수 있으므로 명도 기간 내 자금계획을 잘 세워야 합니다.

대항력이 없는 임차인이라면 매매와 달리 남은 계약 기간과 상관없이 임대차를 승계하지 않아도 됩니다. 당연히 낙찰자에게 권리금을 주장할 수도 없습니다. 본인이 직접 운영하거나 새로운 임차인과 더 나은 조건으로 계약할 수 있고, 기존 임차인과 재계약을 할 수도 있습니다.

상가를 매입하는
최적의 방법을 찾아라

상가도 다양한 방법으로 매입할 수 있습니다.

첫째, 가장 손쉬운 방법은 상가 분양입니다. 주로 택지개발지구에서 선분양을 하는데, 시행사가 직접 분양하거나 전문 분양대행사가 조직적으로 분양하는 이른바 떼분양을 하기도 합니다. 아직 프리미엄이 형성되지 않아 좋은 입지의 상가를 일반 매매보다 싸게 매입할 수 있고, 건물분에 대한 부과세가 환급되는 장점이 있습니다. 앞에서 부동산별 최적의 매입 방법에서도 말했듯이 상가 분양은 수도권의 1층 상가에 한해 받는 것이 좋습니다.

둘째, 매매로 사는 법입니다. 상가는 주택과 달리 적정 가격을 알기 어렵습니다. 같은 상권이라도 코너, 전면, 후면, 대로변, 이면도로, 전면의 길이, 평지 여부, 방향 등에 따라 가격이 크게 달라집니다. 기존 임차인이 있다면 보증금과 월차임(월세)을 파악해 매매가 대비 수익률, 유동 인구, 공실, 상권 등을 잘 따져봐야 합니다.

관심 있는 지역의 오래된 중개소 몇 군데에 상가 투자금을 명확히 밝힌 후 상가를 매입하고 싶다고 하면 매물을 추천해 줍니다.

주의할 점은 비탈이나 경사진 곳에 있는 상가는 알 수 없는 불안감을 주기 때문에 코너 자리여도 사람들이 오래 머물지 않는 특징이 있습니다. 따라서 평지의 상가를 매입하는 것이 좋습니다. 그리고 A급 상권의 알짜 상가나 지하철 출구 앞(지하철 출구가 많으면 출구에 따라 유동 인구와 상권이 다 다름), 유명 프랜차이즈 업체가 운영하는 상가 등은 정보력이 앞선 이들이 먼저 가져가는 경우가 많으니 발품과 노력이 필요합니다.

입지가 좋은 상가는 통상 매도가격에 프리미엄(권리금)이 포함되어 있어 기존 임대차계약을 승계함은 물론, 10년이라는 기간을 보장해 줘야 합니다. 최근 상가임대차보호법이 개정되어 기존 임대인의 지위 및 임차인의 노력과 노하우로 만들어낸 권리금도 승계할 수 있으니 유의해야 합니다.

셋째, 경매·공매로 매입할 수 있습니다. 좋은 입지에 우량 임차인이 입주한 상가는 일반 매매로 잘 나오지 않습니다. 더욱이 종잣돈이 없는 투자자라면 눈높이를 낮춰 경매로 상가를 취득하는 방법도 병행해야 합니다. 특히 수도권이나 지방에 2층 이상 상가는 분양이나 매매가 아닌 반드시 경매나 공매로 매입하십시오. 최저 임대료를 보수적으로 산정해 싸게 낙찰받아 리스크를 줄여야 합니다. 대출은 보통 낙찰가의 80% 이상 나오며, 임차보증금을 회수하면 실제 투자금은 낙찰가의 15~20%라고 보면 됩니다.

모두가 망설이는 곳에
부의 기회가 있다

100억짜리 부동산을 10억에 산다

보통 수억 원씩 하는 상가를 어찌 사느냐는 분들이 있는데, 미분양 상가나 경·공매 등을 이용하면 매입금액의 10%만 있어도 가능합니다. 예를 들어 매매가나 낙찰가의 90%를 대출받는다면 1억 원으로 10억 원짜리 상가를, 10억 원으로는 100억 원짜리 상가를 소유할 수 있습니다.

저는 부동산 가격의 10~20%만 있으면 자신 있게 입찰하고 낙찰받습니다. 3억 원짜리 부동산은 실투자금을 3000만 원 정도로 잡고, 10억 원짜리 부동산은 내 돈 1억 원만 있으면 얼마든지 내 것으로 만들 수 있다고 생각합니다. 즉 대다수는 가진 돈에 물건을 맞추지만, 저는 철저히 입찰할 물건에 투자금을 맞춥니다.

이런 생각은 지금도 변함없어서 100억 부동산을 10억 원으로도 매입할 수 있다고 믿습니다. 나에게 10억 원이 없으면 뜻이 맞는 사람들과 함께 지분투자를 하면 됩니다. 물론 요즘처럼 이자율이 높을 때는 보수적으로 접근하지만, 2022년 5월에 지하상가 하나를 45억 원에 입찰했을 때도 제 통장에는 10% 정도의 금액만 있을 뿐이었습니다.

미분양 상가는 입점되어 있는 상권으로 판단하라

2016년 대전 시내에 있는 건물이 경매로 나와 며칠 동안 조사하러 다녔습니다. 그런데 생각보다 수익률이 높지 않아 더 조사하는 건 의미가 없다고 판단하고 입찰하지 않기로 했습니다. 서울에서 대전까지 며칠을 왔다 갔다 하며 쓴 시간과 노력이 아쉬웠지만 어쩔 수 없는 일이라고 생각했습니다. 현장은 언제나 위성지도나 로드뷰와 차이가 있기 마련이니까요.

바로 서울로 돌아가려다 마침 대전에 사는 지인과 연락이 되어서 차를 돌려 리베라호텔 쪽으로 이동했습니다. 가는 길에 GS건설사가 지은 한 건물이 눈에 들어왔습니다. 높은 건물이라 멀리서도 아주 잘 보였습니다. 40층 높이의 주상복합 아파트 건물로 1~4층이 상가, 위로는 중대형 아파트였습니다.

아직 상권이 형성되지 않아서인지 할인 분양 현수막이 나붙은 어수선한 모습이었습니다. 1층 전면에 유명 프랜차이즈 업체들이 입점해 있지 않았다면 아마 들어가 보지도 않았을 겁니다. 그래도 여기까지 왔는데 한번 둘러보기로 했습니다. 약속 시간이 다 되어 오래 있지는 못하고, 지인을 기다리는 동안 노트북으로 폭풍 검색을 시작했습니다.

그 상가는 세종시까지 차량으로 20분 내외, 지하철역과 터미널 등은 도보로 3분 이내여서 위치는 나쁘지 않았습니다. 아파트 평수는 40~90평으로, 1군 건설사에서 대전의 중산층 이상을 타깃으로 공들여 지었다고 나오더군요.

이 주상복합 아파트에 유명 축구선수와 골프선수의 부모

님이 산다는 사실도 검색으로 알아냈습니다. 인근 중개소를 통해 내부를 보니 마감재가 아주 좋았습니다. 얼마 전 보았던 서울의 반포자이보다 나은 수준이었습니다.

'아, 대전에서 여유 있는 분들이 살겠구나.'

저는 이렇게 생각했는데 완판된 아파트와 달리 상가를 둘러보니 거의 황폐한 수준이었습니다. 3~4층은 사무실로 이용하는 몇 군데를 빼고 거의 공실이었습니다. 1~2층도 코너 자리나 에스컬레이터 옆 등 좋은 자리를 빼고는 임대 문의 안내문이 도배되어 있었습니다.

그나마 다행인 점은 1층에는 카페베네, 탐앤탐스, 배스킨라빈스 같은 대형 프랜차이즈, 2층에는 은행과 450평 규모의 대형 놀이동산, 3층에는 대전에서 꽤 알려진 1600여 평의 대형 뷔페가 입점해 있었습니다. 그 뷔페는 요리사와 직원 수만 해도 족히 수십 명은 되어 보였습니다.

좀 더 알아보니 대형 음식점은 이 뷔페 외에는 경쟁할 만한 곳이 없었습니다. 입소문이 나서 각종 연회나 돌잔치 등이 많았고, 주말에도 주차할 곳이 없을 정도로 성업 중이었습니다. 이런 대형 뷔페가 있다는 건 반대로 생각하면 같은 건물 내 음식점의 영업이 어려워질 수 있다는 뜻입니다.

뷔페는 한식, 중식, 일식 등 웬만한 종류의 음식들은 다 갖추고 있기 때문에 아주 특화된 음식점이 아니면 입점해도 유지하기가 쉽지 않습니다. 그래서 건물 내 입점한 여러 음식점은 월차임을 높게 받고 있음에도 매입 대상에서 우선 제외했습니다.

아마 이런 대규모 집객 시설이 없었다면 더 이상의 조사는 하지 않았을 겁니다. 그러나 공실이 많기는 해도 시간이 지나 활성화되면 현재의 형편없는 임대료는 서서히 올라갈 것이라 예상되었습니다.

인근 개발 계획부터 동선, 상권을 알아보기로 했습니다. 일주일 후 다시 내려와서 인근에 분양하는 상가가 있는지, 분양가는 얼마인지 조사했습니다. 다행히 길 건너 가까운 곳에 S 건설사에서 분양하는 주상복합 아파트가 있었습니다. 입지가 이곳보다 좋지 않은데도 분양가가 더 비싸게 책정되어 팔리는 것을 보고 승산이 있다고 판단했습니다.

분양사무소로 들어가서 인사를 나누고, 입점된 업체가 있는 호수 상가들을 뽑아달라고 했습니다. 그중 상가의 위치와 입점업체의 개업일(최소한 1년이 지난 상가가 좋음), 월차임과 보증금, 업종 등을 하나씩 분석했습니다.

미분양 상가는 1층 전면부를 제외하고 분양가, 면적에 상관없이 매우 싼 임대료로 임차 중이라는 특징이 있습니다. 그런 상가는 임대인이 아닌 사용자인 임차인이 '갑'입니다. 높은 임대료를 고집해 봐야 공실이 많으니 다른 곳으로 가면 그만이니까요. 임대인은 비어 있는 기간 동안 이자는 물론 관리비까지 꼬박꼬박 내야 합니다. 시행사나 최초 분양주들은 하루빨리 상가들이 채워져 상권을 활성화시키는 것이 살길이므로 싸게라도 임대를 줄 수밖에 없습니다.

또한 입점 조건으로 수개월의 무상 임대(렌트프리) 기간을 주기도 합니다. 실제로 매입 가능한 상가 중 절반 이상이 무상 임대 기간이 남아 있었습니다.

제가 그곳에 얼마간의 시간을 두고 올 때마다 하나둘씩 공실이 없어졌습니다. 1층은 분양사무소를 제외하고 두 곳 외에 모두 입점되었으며, 2층 역시 미용실, 피부 관리실, 프랜차이즈 음식점이 들어섰습니다. 3층은 병의원, 바(bar) 등 업종 변경이 활발히 일어나고 있더군요.

때를 놓치기에 아깝다는 생각이 들어 그중에서 비교적 안정적으로 운영하는 임차인이 속해 있는 상가들을 추렸습니다. 결국 건설사에서 위임한 분양사와 협의 끝에 분양가의 35~45%를 할인받는 조건으로 몇 개를 매입했습니다.

아무리 싸다고 해도 대책 없이 공실 상태의 상가를 덥석 사는 것은 자살행위에 가깝습니다. 특히 이런 미분양 주상복합상가의 리스크는 높은 분양가와 관리비에 있습니다. 그렇지 않아도 비싼 관리비에 공실까지 많으니, 입점된 상가에서 전체 관리비를 N분의 1로 나눈다고 생각해 보십시오. 얼마나 많은 관리비가 부과되겠습니까?

알고 사는 것과 모르고 사는 것은 다릅니다. 반드시 임대차계약 기간이 많이 남은 상가를 사는 것이 좋습니다. 운영 중인 상가라면 임대차계약서에 임대 기간과 보증금, 월차임 등이 명시되어 매입 전에 정확한 수익률을 산출할 수 있습니다. 게다가 보증금을 공제하고 싸게 매입할 수 있습니다.

만에 하나 현재 임차인이 나간다고 해도 계약 동안 월세를 받는 것은 물론, 보증금에서 월차임을 공제할 동안 새로운 임차인을 유치할 수도 있습니다. 이렇게 대출이자와 월세를 비교해 정확한 수익률을 산출하면 투자를 결정하기도 쉽습니다.

물론 강남이나 명동이 아니더라도 서울의 중심상업지역의 중개소, 약국 등 독점 상가를 매입하면 매우 안정적으로 월세 수입을 얻을 수 있습니다. 단 최소 수억 원에서 수십억 원이 필요합니다. 그 정도 돈이 없다면 내가 가진 최소한의 자금으로 최대한의 수익을 내는 방법을 고민해야 합니다.

직장인도
상가에 투자할 수 있다

시간이 부족한 직장인이라면 상가 경매 투자에 부담을 느낄 수 있습니다. 처음에는 거주하는 지역이나 잘 아는 골목부터 시작하기를 바랍니다. 경매 사건을 검색하고, 관심 사건이 정해지면 입지 분석, 인근 거래 사례, 과거 매각통계, 대출 한도 등을 알아봅니다. 퇴근 후나 주말에는 현장을 직접 다녀봅니다.

서울, 경기, 인천 등 수도권 전체에 경매 진행 중인 상가는 400여 건이고, 지방까지 포함하면 1000여 건이 넘어서 현실적으로는 그중 10%도 현장에 가보기 어렵습니다. 위성지도나 로드뷰로 최대한 상권을 먼저 파악해 봅니다.

스피드옥션, 지지옥션, 굿옥션 등의 유료 경매 사이트에서 건축물대장, 현장 사진, 임차인 현황 등의 정보를 볼 수 있습니다. 인근 중개소, 관할 행정청에 문의해 정보를 얻기도 합니다. 즉 검색과 통화로 입찰 여부 정도의 조사는 할 수 있습니다.

지금도 1500만 원으로 역세권 상가에 투자해 월세를 받을 수 있습니다. 2022년 12월에 인천 주안역 인근에 감정가 1억 원에 전용 19평 남짓의 상가가 경매로 나왔습니다. 동쪽과 북쪽으로 약 6미터, 30미터의 포장도로에 접한 코너에 위치한 상가 건물 6층의 한 호실이었습니다. 건물이 노후화되어 임대료 수준은 보증금 500만 원에 월 50만 원이었습니다. 인근에 버스 정류장과 주안역이 있어 대중교통 이용이 편리해 유동 인구가 많고, 사무실 수요는 꾸준히 있을 것으로 판단했습니다.

이 상가는 감정가가 1억 원으로 7930만 원에 낙찰되었습니다. 낙찰가를 8000만 원으로 잡으면 취득세 및 등기 비용은 400만 원 정도가 됩니다. 낙찰가의 80%를 대출받아 6400만 원이므로 실투자금은 1500만 원 정도가 들어갔습니다. 대출금리 5.5%면 월 30만 원 정도가 나가니 500만 원에 월세 50만 원을 받으면 실제로 실투자금 1500만 원에 월수익이 20만 원이 들어오는 구조가 됩니다. 이를 수익률로 계산하면 16%입니다. 이는 고금리 시기를 감안하더라도 결코 낮은 수익률이 아닙니다.

이때 추후 대출금리가 내려가면 수익률이 올라가고, 수익률이 올라가면 매매가가 상승합니다. 아주 간단한 논리입니다. 상가는 팔기 어렵다고 하는데, 욕심을 버리고 수익률을 맞춰두면 인근 중개업소에 월세를 받고 싶어 하는 분을 구해줍니다. 상가는 레버리지 비율이 높으니 실투자금 대비 100% 내외 수익은 기본입니다. 월세를 실컷 받다가 매매차익까지 얻을 수 있습니다. 그러나 매매가가 올라간다고 해도 막상 월세가 꼬박꼬박 들어오면 굳이 팔고 싶은 생각이 들지 않을 겁니다. 물론 돈이 많으면 한 번에 큰돈이 들어오는 부동산을 고르겠지만, 돈이 없으면 최소 자금으로 최대 수익을 내는 방법을 고민해야겠지요!

내가 원할 때
엑시트를 할 수 있어야 한다

가장 빠른 매도의 조건,
일 잘하는 부동산을 찾아라

지금까지는 좋은 부동산을 싸게 사는 방법을 이야기했습니다. 그런데 싸게 사는 것만큼 잘 파는 것도 중요합니다. 살고 있는 집이나 투자용으로 산 부동산을 내놓은 적이 있습니까? 요즘은 인터넷 카페나 블로그, 당근마켓에 직접 매물을 올려 직거래도 많이 이루어집니다. 그러나 보통은 동네 부동산에 내놓고 하염없이 기다립니다. 그런데 실제로 빠르게 매도하려면 일 잘하는 부동산 업체에 맡기는 게 제일입니다.

요즘은 공인중개사 자격증이 넘쳐나다 보니 실무 경험이 거의 없거나 경력이 짧아 의뢰인보다도 모르는 중개소 사장님도 많습니다. 게다가 부동산 중개가 서비스업종임에도 퇴직 후 오픈해서 여전히 고압적인 자세로 일하거나, 매출 부족으로 중개소 문은 열어놓고 투잡을 하는 경우도 많습니다. 이런 중개소 열 군데에 내놓아 봐야 하락장에서는 전화도 안 오고, 상승장에서는 쓸데없는 전화가 와서 피곤하기만 합니다.

저는 해당 물건에 대한 브리핑 능력, SNS 등 홍보 능력, 현 시장 상황에 대한 이해와 예측, 네트워크 정보망, 중개자의 바른 인성 등을 종합해서 일임하는 편입니다. 가장 중요한 것은 제대로 일하는 곳이어야 한다는 점입니다. 지역마다 그런 중개소가 몇 군데 정도는 있습니다.

일 잘하는 부동산을 찾았다면 욕심을 버리고 팔릴 수 있는 금액에 매물 의뢰를 하십시오. 본인이라도 살 수 있는 매력적인 금액대면 가장 좋습니다. 그런 후에 믿고 기다립니다. 어차피 남들보다 싸게 샀다면 다소 싸게 팔려도 걱정할 것이 없지 않습니까? 욕심이 지나치면 오히려 팔기 어렵습니다. 바닥에 사서 머리에 판다는 것은 현실적으로 불가능합니다. 무릎에 사서 어깨에 판다는 현실적인 생각을 합시다. 꼭대기에서 팔기 위해 간을 보다가 결국 매도 시기를 놓쳐 후회하는 사례도 아주 많습니다. 다음 사람에게도 조금 먹을 기회는 주어야죠.

국민 평수의 서울 아파트
빠르게 매도하는 법

예를 들어 서울 마포구 공덕동에 있는 33평 아파트를 판다고 가정해 봅시다. 현재 공덕동에서 운영 중인 중개소가 40여 곳인데, 이곳 모두에 매물을 뿌릴 필요는 없습니다. 많은 곳에 내놓아 빨리 팔리면 좋겠지만, 꼭 그렇지도 않습니다. 네이버 부동산 매물 게시판에 매물이 많이 올라온 것으로 인식되어 오히려 역효과가 날 수도 있습니다.

위치가 좋아 사람들 왕래가 잦은 곳, 그 지역에서 평판이 좋은 곳, 능력 있는 실장님이 일하는 곳, 한자리에서 10년 이상 유지한 곳 등 중개소 서너 곳만 내놓아도 충분합니다.

그럼 이제 내가 할 일은 집안 내부를 신경 쓰는 것입니다. 손님이 언제 올지 모르니 중개소에서 편하게 볼 수 있도록 정돈해 두면 좋습니다. 경험상 깔끔한 공실 상태에서 매도하는 것이 더 좋은 가격을 받았습니다. 그런 경우 공동 현관 및 세대 내 비밀번호를 신뢰할 수 있는 중개사에게 미리 알려줍니다.

다만 집을 볼 때마다 연락하게 합니다. 그리고 일주일에 한 번 정도 방문해 집 안 내부 상태를 확인하고 비밀번호를 다시 변경합니다. 관리를 꾸준히 하고 있다는 인상을 주는 것이 중요합니다.

아무리 좋은 부동산이라도 청결하지 않다면 매도인(임대인)이 원하는 가격을 받기 어렵습니다. 경비를 아끼는 차원에서 본인이 직접 청소를 하거나, 대충 치워놓고 어차피 들어올 사람이 하겠지 하고 안이하게 생각하는 분도 많습니다. 저는 경매 또는 급매로 매입하거나, 미분양 아파트를 매입해서 팔거나 임대를 놓을 때도 전문 청소 업체에 입주청소를 의뢰해 집 내부를 최상의 상태로 유지합니다.

못이 박혀 있다면 전부 뽑고, 특히 화장실은 광이 날 정도로 깔끔하게 청소합니다. 은은한 향의 방향제를 신발장에 두어 들어올 때 첫인상을 좋게 하고, 전실 입구에 경고문("신발 신고 들어오지 마세요")과 슬리퍼를 두어 함부로 신발을 신고 들어가지 못하게 합니다. 슬리퍼는 20~30평대는 3개, 40평대 이상은 최소 4개 이상 비치해 둡니다. 중대형 평수는 보통 4인 이상의 가족이 부모님을 모시고 집을 보러 오는 경우도 많기에 모델하우스용 슬리퍼를 넉넉히 준비해 두는 편이 좋습니다.

청소비용은 평당 8000원에서 1만 원대로 업체별로 차이가 있습니다. 예를 들어 33평형 아파트라면 33만 원 내외가 소요됩니다. 예약은 최소 1~2주 전에 하는 것이 좋으며, 전날 비밀번호를 알려주고 아침 일찍 작업을 요청합니다. 오후에 청소를 시작하면 다른 곳에서 일하고 지쳐서 오거나 빨리 어두워져 먼지 제거 등이 어렵기 때문입니다.

청소 과정을 일일이 지시하거나 감시할 필요는 없습니다. 그런 경우 오히려 역효과가 날 수 있습니다. 팀의 책임자에게 청소가 끝나기 한 시간 전쯤 연락을 달라고 하면 됩니다. 그때 가서 상태를 점검하고, 미비한 것들을 요구하는 것이 효율적입니다.

청소업체는 프로의식을 가지고 열심히 해주는 곳으로 한

두 군데만 이용합니다. 내 집처럼 일을 해주셔서 주로 거래하는 청소업체 사장님이 있습니다. 전화를 드리면 늘 반갑게 "이번에는 어디인가요?"라고 물어봐 줍니다. 따로 말씀드리지 않아도 제 요구사항을 알기에 분리수거, 벽에 있는 못 정리, 스티커 정리 등을 해주고 불필요한 짐도 알아서 정리해 줍니다.

일하는 사람의 숫자는 20~30평대라면 3명, 40평대 이상이라면 최소한 4명 이상이 좋습니다. 같은 금액이라도 일하는 사람이 적으면 작업 시간이 길어지고 청소 상태의 완성도도 떨어집니다. 청소비 몇십만 원 아끼지 말고 제대로 상품화해서 몇백만 원 이상 더 받고 파는 것이 현명합니다.

돈을 주고 그 분야의 전문가를 활용하면 시간을 더욱 가치 있는 곳에 쓸 수 있을뿐더러 몸도 편합니다. 실제로도 늘 좋은 결과를 안겨주었습니다. 내 집을 상품화하는 데 드는 비용을 아깝다고 생각하지 말고, 식사비라도 챙겨주면 더 꼼꼼히 봐줍니다.

청소뿐만이 아닙니다. 빌라를 낙찰받았거나 싸게 매입했다면 주차에도 신경을 씁니다. 신축 빌라가 아니라면 아파트보다 주차 공간이 부족한 경우가 많습니다. 그럴 땐 주변에 공용 주차장이나 거주자 우선 주차를 신청해 주차 공간을 확보한 후 매매 혹은 전월세를 내놓아 보세요.

임대인(매도인)이 아닌 임차인(매수인) 입장에서 생각하는 연습을 하십시오. 많은 사람의 마음을 살 필요는 없습니다. 내 소유의 집을 사거나 임차할 딱 한 명만 찾으면 됩니다.

지나고 보면 사소한 차이가 계약과 공실의 차이를 만듭니다. 우리가 물건을 살 때도 작은 디테일 때문에 선택하는 경우가 많지 않습니까? 같은 이치입니다.

부동산의 가치를 높이면
매도 걱정이 없다

또 다른 매도 사례를 소개하고자 합니다. 앞서 중개소를 운영했던 이야기를 했었는데요. 결국 중개소 운영은 점점 악화되기만 했습니다. 그만두고 싶은 마음은 굴뚝같았으나 손님이 뜸해진 자리에 아무도 들어오려고 하지 않았습니다.

엑시트를 위해 팔방으로 알아보다가 근처에 담배를 파는 슈퍼마켓이 폐업한다는 소식을 들었습니다. 마침 주인 할머니가 종종 저의 사무실에 오셨기에 담배판매권을 어떻게 하면 얻을 수 있는지 여쭤봤습니다. 할머니는 흔쾌히 제게 관련 정보를 주셨습니다.

할머니가 폐업신고를 한 후 바로 강서구청에서 진행하는 입찰에 참여해서 담배판매권을 획득할 수 있었습니다. 동네 주민들은 담배를 사러 왔다가 매물을 접수하기도 하고 물건을 찾기도 했습니다. 담배를 판 이후로 손님이 50% 정도는 늘어 직원들의 분위기도 전보다 더 활기를 띄었습니다. 어떻게 팔아야 하나 걱정했던 중개소는 오히려 권리금을 받고 양도할 수 있었습니다.

방법을 계속 생각하고 또 생각하면 어떻게든 길이 있다는 것을 절실하게 느낀 순간이었습니다.

매도의 제일 원칙,
욕심 내지 않는다

진인사대천명, 싸게 샀으니 제값 받고 팔기 위한(임대를 놓기 위한) 모든 준비를 마쳤다면, 중개소에서 생각보다 빨리 계약하자는 연락이 올 겁니다. 약간의 시세 변동이 있더라도 욕심내지 않고 계획한 금액대로 계약을 체결합시다. 집을 열심히 보여준 중개소 사장님에게도 약정된 금액보다 수수료를 넉넉히 챙겨드립니다. 그러면 중개소 사장님은 다음에 해당 지역에 경매 매물이 나올 때 최대한 성실하게 답변해 주는 것은 물론, 몇 사람이 경매 때문에 찾아왔다는 이야기도 해줍니다. 바쁠 때는 현장에 가지 않고도 원하는 정보를 얻을 수 있으며, 급매물이 나올 때 가장 먼저 연락을 받기도 할 겁니다. 물론 일면식도 없는 중개소는 채권자나 채무자의 부탁으로 일부러 시세를 아주 높거나 낮게 말하는 경우도 있으니 주의합시다.

지식만 있고 경험이 없다면, 통장의 잔고는 변하지 않습니다. 또 디테일을 살리지 않으면 성과를 거두기 어렵습니다. 작은 것에도 노하우가 생기다 보면 어느덧 부동산 투자의 고수가 되어 있을 것입니다.

6장

어려울 땐
기본에 목숨을 걸어라

상승장 초기, 넉넉한 통장 잔고, 비과세 혜택, 매수자에게 유리한 정책, 높은 전세가율, 낮은 대출금리 등 이 모든 조건이 맞아떨어지는 투자의 적기는 절대 오지 않습니다. 상황이 좋지 않다고 가만히 있는 사람은 부자가 될 수 없습니다. 부자가 되는 사람은 어떤 상황이 와도 '지금' 투자할 방법을 고민합니다. 망설이다 시간을 허비하는 대신 치열하게 고민하며 때를 기다리는 시간조차 성장의 밑거름으로 삼기 때문입니다.

상승기와 하락기를 예측할 수 있는가

시장을 예측한다는 것

"언제쯤이면 부동산 시장이 좋아질까요?"

"아파트 가격이 언제 또 상승(또는 하락)할까요?"

"언제쯤 환율이 안정되고 금리가 내려갈까요?"

만나는 분들께 자주 받는 질문입니다. 이에 대한 제 대답은 한결같습니다.

"저도 잘 모릅니다."

그러고서도 전문가냐 하겠지만, 사실이 그렇습니다. 상승과 하락이 얼마나 오래 지속될지, 언제 멈출지 정확히 예측하기는 무척 어렵습니다 현업에서 열심히 투자하고 성과를 이어온 저 같은 사람도 못 맞힌다는 뜻입니다. 시간이 지나봐야 그때가 바닥이었음을 알 수 있을 뿐입니다. 불과 몇 달 후의 실물경제 예측도 전문가마다 견해가 다릅니다.

코로나19 발생으로 천문학적인 돈이 풀렸지만 이게 독으로 돌아와 금리가 단기간에 이렇게나 폭등하리라고 예측한 전문가는 없었습니다. 세계 경제의 중심인 미국의 금리를 정하는 연준 위원도 몇 달 후 금리가 어찌 될지 모릅니다.

이렇듯 시장 경제에서 경기예측은 너무나 어렵습니다. 수요와 공급, 금리, 정책, 화폐량, 원자재 가격, 세계 경제, 전쟁, 재난 등 고려해야 할 것도 너무 많고, 이 모든 것이 서로 복잡하게 얽혀 있습니다. 그러니 일개 투자자가 어찌 알겠습니까?

부동산 시장의 사이클은 되풀이된다

2012년 말에서 2013년 상반기까지만 해도 우리나라 부동산 시장이 살아날 것으로 전망하는 전문가는 거의 없었습니다. 특히 주택 시장은 일본처럼 장기 하락으로 간다는 비관론이 대부분이었습니다. 이들의 전망과 달리 2013년 중순부터 부동산 가격이 상승세로 전환되었고, 2015년쯤에는 많은 전문가가 슬쩍 견해를 바꾸었습니다.

2022년 세계적 긴축으로 전국적인 하락장을 겪으며 부동산 매수 심리가 많이 위축되었습니다. 이쪽 이야기를 들으면 거시경제 때문에 폭락한다고 하고, 저쪽 이야기를 들으면 미시경제 때문에 폭등한다고 하니 혼란한 시장임은 분명했습니다. 각자 그럴듯한 논리가 있어 다 맞는 말 같고요. 하지만 막상 시간이 지나서 돌아보면 어느 의견도 다 맞지는 않습니다.

이러다 몇 달 후에 어떤 세계적인 사건이 생겨 투자 열풍에 불을 붙일지 누가 알았겠습니까? 또 그 뜨겁던 투자 시장이 한순간에 꺾일지 누가 짐작했겠습니까? 전문가의 의견은 나름대로 일리 있는 분석과 예측이지만, 어디까지나 참고하는 데 그쳐야지 하나의 의견을 신봉해선 안 됩니다.

과거 사례를 보더라도 돈이 많이 풀리면 실물자산과 주식 시장이 동반 호황을 누려왔습니다. 이런 시기가 일정 기간 지속되면 버블이 생기고, 다시 꺼지기를 반복합니다. 투자를 해보면 경기순환이 이런 식으로 올라갔다 내려간다는 사실을 알 수 있습니다.

장기간의 경제 사이클을 보면 상승세나 하락세 어느 한 쪽으로 지속되지 않습니다. 이를 가만히 두고 보는 정권은 역대에 없었고, 과열되면 규제하고 침체되면 완화하고를 정책적으로 되풀이합니다.

실물자산이
우상향할 수밖에 없는 이유

우리나라는 2021년을 기준으로 인구의 데드크로스가 나타났습니다. 출생자보다 사망자가 더 많아졌다는 뜻입니다. 이런 통계를 근거로 부동산 시장의 폭락을 점치는 사람들이 있습니다. 물론 인구는 줄어들겠지만 투자자가 봐야 할 수치는 가구 수입니다. 저는 2030년까지 수도권의 가구 수는 증가하고, 아파트 가격은 물가상승률을 방어할 거라고 생각합니다.

앞에서는 상승과 하락을 점칠 수 없다고 못 박았지만, 아파트 가격의 장기적인 미래를 이야기할 수 있는 건 우리나라 부동산 시장의 특수성 때문입니다.

부동산은 급등과 급락에도 세월의 흐름에 따라 장기적으로 완만하게 우상향해 왔습니다. 특히 아파트는 시멘트 가격만 올라도 건축비에 영향을 미칩니다. 부동산 건설 경기의 기초가 되고 내수에서 차지하는 비중이 크기에 인플레이션 반영률이 높습니다.

정부가 원하는 방향도 이와 비슷합니다. 정부는 규제와 완화를 반복하며 물가상승률에 맞춰 부동산이 우상향하기를 바랍니다. 대부분의 국가가 수출과 내수로 먹고사는데, 특히 우리나라의 내수는 부동산과 연관된 경제활동 비중이 절대적입니다. 작은 빌라 한 채, 아파트 한 채가 사고 팔리는 과정에서 엄청난 경제 승수 효과가 발생합니다. 이삿짐센터, 도배업체, 중개사무소, 싱크대업체, 인테리어 등으로 넓히면 그 파급 효과는 더욱 커집니다.

게다가 부동산 가격이 오르면 국민에게 세금도 많이 걷고, 사람들이 돈을 쓰며 경제가 돌아가니 여러 모로 부동산의 완만한 상승을 원할 수밖에 없습니다.

사람들은 상승이냐, 하락이냐 논쟁하기를 좋아합니다. 더 나은 환경, 더 넓은 집에 살고 싶어 하면서도 내가 사는 순간부터 떨어질 것 같아 무서워서 가만히 있습니다. 내가 가만히 있는 동안 돈의 가치는 떨어지고 계속 내려갈 것만 같았던 전세가와 월세는 슬금슬금 올라갑니다. 높은 월세를 부담할 자신이 없어 불안해하면서도 전세를 선택하지만, 이렇게 빌려 살기만 해서는 자산을 축적하기 어렵습니다.

반면 부자들은 의미 없는 상승, 하락 논쟁보다 실리적인 관점에서 미래를 바라봅니다. 내가 처한 상황에서 조금이라도 더 부를 축적할 방법을 찾습니다. 저 역시 상승과 하락을 운운하며 앞으로 부동산 경기가 어떻게 될지 논할 시간에 이렇게 묻습니다.

어떻게 현재 가치 있는 부동산을 싸게 살까?
어떻게 리스크를 최소화하고 수익률을 높일 수 있을까?

더 이상 불확실한 미래 예측은 그만하고, 실물자산의 장기적 우상향의 방향성을 믿으십시오. 그리고 부동산을 싸게 살 방법을 찾는 데 시간과 노력을 투자하십시오. 이것이 부자가 되는 가장 빠른 방법 중 하나입니다.

투자자는
행동하는 사람이다

───────

저는 일반 매매, 경매, 공매, 채권 매입, 할인 분양, 급매, 교환 등 방법을 가리지 않습니다. 적게는 수천만 원에서 많게는 수억 원을 싸게 산다면 경기변동의 사이클이 와도 크게 흔들리지 않습니다.

시세가 5억 원인 주택을 A는 4억 원, B는 4억 5000만 원, C는 5억 원에 매입했다고 가정해 봅시다. 운이 나쁘게도 세 사람 모두 시세의 최고점에 매입해서 사는 순간부터 10%가 하락했습니다.

이때 온갖 걱정에 잠 못 이루는 사람은 시세대로 주고 산 C일 것입니다. B도 지금보다 더 떨어지면 손해를 보는데, 손해를 보지 않는 선에서 매도할 기회를 얻거나 아직 손해는 없기에 좀 더 추세를 지켜볼 수 있습니다.

반면 A의 경우를 봅시다. 매입한 시점부터 시세가 하락했으니 마음이 편치 않을 것입니다. 하지만 아직 10%의 여력이 있기에 전세를 주어 투자한 자본을 회수하거나, 월세를 놓아 이자를 충당할 수 있습니다. 이자비용이 월세수익보다 적도록 보증금을 조절하는 등 리스크를 관리할 수도 있습니다. 처음 계획과는 달리 많은 차익은 볼 수 없으나 약간의 마진을 보고 매도할 수도 있습니다.

반대로 매입 이후 주택 가격이 올라가는 상승장이라면 어떻겠습니까? 시세대로 주고 매입한 C도 차익을 얻을 수 있는데, B와 A는 말할 것도 없습니다. 무조건 싸게 사는 방법을 연구하고 실행해야 하는 이유입니다. 투자 금액을 최소화해야 개인적인 사정이나 다른 외부 변수로 급하게 팔 때도 실수하지 않습니다. 이런 고비를 몇 차례 넘기면 비로소 자신만의 투자 기준과 안목이 생깁니다.

불안할 땐
한 번이라도 더 움직여라

부자가 되려면 불확실한 미래를 걱정할 시간에 틈새시장

과 저평가된 매물을 찾고 분석하고 경험을 쌓는 데 집중해야 합니다.

왕초보 수강생이 2023년 4월에 무려 세 채의 아파트를 동시에 낙찰받았습니다. 일주일 만에 세 번 연속 낙찰의 행운을 얻은 것입니다.

처음은 감정가가 1억 5300만 원이었던 광주의 아파트를 1억 900만 원에 낙찰받았습니다. 바로 옆 단지가 재건축 중이고 광주 지하철 2호선 공사가 진행 중이며, 스타벅스가 가까운 일명 '스세권'으로 좋은 상권을 곁에 둔 아파트입니다. 2023년 6월 기준 시세 1억 4000만 원으로 단지 내 전세 매물이 한 개밖에 없을 정도로 입지가 좋은 곳입니다.

그다음 광주의 운남주공4단지를 1억 500만 원에 단독 낙찰받았는데, 2023년 6월까지 해당 평형은 전세 매물이 없어 낙찰자의 전세 매물이 가장 먼저 빠지리란 것을 예상할 수 있었습니다.

마지막으로 감정가 2억 9000만 원인 나주의 30평대 아파트를 2억 300만 원에 단독 낙찰받았습니다. 아파트 세 채의 주인이 되기까지 걸린 기간은 고작 일주일이었습니다. 그리고 잔금 후 한 달도 되지 않아 2억 2000만 원에 매도계약까지 마쳤습니다.

한 채당 시세차익을 보수적으로 1000만 원씩만 잡아도 단기간에 3000만 원 이상의 수익을 올린 것입니다.

비관론자들이 앞으로의 상승과 하락을 점치고만 있을 때, 이 30대 주부는 적은 자본으로 적지 않은 돈을, 그것도 단기간에 벌었습니다. 그중 두 건은 잔금을 내기 전에 명도를 마치고 매도계약까지 했습니다. 이 분은 최근엔 토지까지 낙찰받아 투자 영역을 넓히고 있습니다.

겨우 네 건의 낙찰 아닌가 싶겠지만, 이 경험 덕분에 삶이 즐겁고 달리 보이고 행복하다고 말합니다. 시장 예측을 논하는 유튜브 방송만 보며 의미 없는 논쟁을 하기보다 이 왕초보 주부처럼 움직여보십시오. 움직여야 더 나은 내일을 만들 수 있습니다.

부동산 침체기에도
돈은 줄어들지 않는다

모두가 시장에서 등을 돌릴 때

저의 대출 총액은 웬만해서는 줄어들지 않으며 이자도
꽤 많이 내는 편이지만, 월세와 채권 수익으로 충당됩니다.
금리의 영향을 덜 받는 편이죠. 그러나 보통 대출이 있을 때
금리가 오르면 심적으로 압박을 받고 소비를 줄입니다. 빚
이 2억 원이라면 금리가 1%만 올라도 연이자는 200만 원이
나 올라갑니다. 초보 투자자가 아무 준비 없이 풀 레버리지
로 투자하면 이런 변수에 잠도 못 잡니다. 차선이 없는 상황
이라면 고금리 시기에 투자는 주의해야 합니다.

국내외 경제 뉴스를 보면 알겠지만 현재 반도체를 포함한 대부분 기업들의 수출 실적이 좋지 않습니다. 환율이 올라가면 자동차 산업을 제외한 거의 모든 업계가 어려움을 겪습니다. 2022년 이후 조정받았던 주식, 부동산 시장이 서서히 회복중이지만 앞으로의 상황을 낙관할 좋은 지표를 찾기는 어렵습니다.

침체기 투자법 1
: 건물보다 땅에 투자하라

이런 때에 부동산 부자들은 무엇을 하고 있을까요?

그들에게는 시장이 좋은지, 좋지 않은지는 크게 중요하지 않습니다. 리스크에 대한 대비를 얼마나 충분히 했는가, 지금의 시장 상황을 어떻게 최대한 활용할 것인가가 더 중요합니다.

부자들은 이런 때일수록 현장을 다니고 관심 지역의 중개소에 찾아가 정보를 수집합니다. 온비드 공매나 LH 등에서 공공기관이 주관하는 건물을 올릴 만한 자투리 땅에 입찰합니다.

수도권 기준으로 2013~2016년은 2022년 초처럼 부동산 경기가 바닥이었습니다. 하지만 고수들에게는 좋은 투자 타이밍이었습니다. 보통 위기가 오면 투자를 바라보는 관점이 두 갈래로 나뉩니다.

1. 투자는 끝났다고 생각하는 관점
2. 저가 매수의 기회가 찾아왔다고 생각하는 관점

부자들은 기꺼이 후자입니다.

요즘 같은 시기에 부동산 부자들은 현물보다는 땅에 투자합니다. 저 역시 얼마 전 수원지방법원에서 땅 하나를 경매로 낙찰받고 우편으로 등기를 받았습니다.

땅값은 아직까지 내려간 적이 없습니다. 특히 자투리 토지 투자는 금리 상승기에도 얼마든지 할 수 있습니다. 투자 심리가 얼어붙은 만큼 경쟁이 줄어들어 낙찰받기도 비교적 쉽습니다.

침체기 투자법 2
: 희소성 있는 부동산에 투자하라

직접 사용할 계획이거나 희소성 있는 부동산에 미리 투자하는 방법도 있습니다. 2022년 10월에 2호선과 9호선의 더블역세권에서 도보 1분 거리에 있고, 한강 뷰가 나오는 지식산업센터 두 채를 계약했습니다. 그것도 평당 최고가인 3000만 원을 넘게 주고서 말입니다. 부동산 경기가 좋았다면 이런 멋진 물건이 저한테까지 오진 않았을 겁니다. 이렇게 시장이 좋지 않을 때 오히려 우량 물건을 골라서 살 수 있습니다.

레버리지를 많이 일으켰기 때문에 지금보다 금리가 더 오르고 장기간 유지된다면 저 역시 타격을 입을 수 있습니다. 하지만 금리가 어느 정도 피크에 다가섰다고 저는 판단했습니다. 앞으로 금리가 더 올라가기보다 내려가는 데 베팅을 한 것이죠. 이런 판단은 맞을 수도 있고 틀릴 수도 있지만, 변수가 생긴다 하더라도 괜찮습니다. 희소성이 있고 대체하기 어려운 부동산을 시간의 흐름에 맡겨두면 손해보다 이익이 날 확률이 높다고 생각하니까요.

내 눈 밖에서도
돈은 언제나 흐른다

    자본주의 시스템상 돈은 계속 찍어낼 수밖에 없습니다. 이는 곧 돈의 가치가 지속적으로 낮아진다는 뜻입니다. 즉 가만히 있으면 그냥 멈춰 있는 게 아니고 상대적으로 더 가난해집니다. 내 월급이 물가상승률보다 높이 오르거나 가진 자산이 그 이상 올라주지 않으면 내 자산은 계속 줄어드는 거지요.

    엄청난 액수의 돈들이 흘러 다니다가 멈추거나 잘 돌지 않는 상태를 불경기라고 말합니다. 즉 불경기는 돈이 없어서가 아니라 돌지 않아서 오는 겁니다. 한 번 풀린 돈은 시장에서 사라질 수 없기 때문입니다. 그러니 내 주머니가 가벼워지고 있다고 해서 모두 그럴 것이라는 생각은 착각입니다. 돈은 호경기든 불경기든 항상 시중에 돌고 있습니다.

    부자들은 '돈은 언제나 사람들이 몰리고 가치가 있는 쪽으로 흐르고 있다'라고 생각합니다. 돈의 흐름을 읽기 위해 정보와 인맥, 시스템 등 가지고 있는 모든 자원을 이용합니다. 돈이 흐르는 길목을 선점함으로써 자연스레 그 흐름을 자신의 주위로 연결시킵니다. 우량 자산을 매입하고 그 자산을 통해 현금흐름을 발생시키는 건 가장 대표적인 방법 중 하나입니다.

부자들은 이런 관점에서 돈과 경제를 읽습니다. 그렇기에 앞날을 낙관하며 투자를 이어갈 수 있습니다.

지금 그 많은 돈은 어디로 흘러가고 있을까요?

도대체 어디에서 멈추어 있을까요?

부자처럼 세상을 바라보십시오.

어떤 시장에서도 웃을 수 있는
투자자가 되는 법

고금리 시대, 어떻게 투자해야 할까

2023년 8월 현재 우리나라의 기준금리는 3.5%입니다. 한국은행 금융통화위원회에서 매월 물가동향, 국내외 경제 상황, 금융 시장 여건 등을 종합적으로 고려해 기준금리를 정하고 있습니다. 기준금리는 초단기 금리인 콜금리에 바로 영향을 미치고, 이는 장·단기 시장 금리, 예금·대출 금리의 변동으로 이어집니다. 결국 국민의 경제활동과 물가에 많은 영향을 미칩니다.

부동산 가격을 좌우하는 것은 정책, 수요와 공급, 원자재 가격, 유동성, 시장 심리 등 여러 가지입니다. 그중 가장 직접적인 영향을 미치는 것이 바로 금리죠. 이 때문에 금리 변동은 언제나 큰 뉴스가 됩니다. 특히 건물, 상가 같은 수익형 부동산은 금리가 오르면 이자부담이 늘어나 수익률이 떨어지므로 가격이 내려갑니다. 반대로 금리가 계속해서 낮아진다면 전반적으로 가격이 상승합니다. 즉 아파트와 같은 주거용 부동산보다 금리에 민감하게 반응합니다.

저금리가 지속되는 상황이라면 실물자산 중에서도 월세가 나오는 부동산이 활황을 보입니다. 이자가 싸서 상대적으로 수익이 높아지고, 안정적으로 월세를 받으려는 수요가 계속해서 생겨나기 때문입니다.

고금리가 지속되는 상황이라면 어떨까요?

투자자가 놓지 말아야 할 것,
현금흐름

물론 대세 상승기 때에는 경매보다 갭투자가 자산을 늘리는 데 효율적이고 수익도 높습니다. 제 주위의 자산가들

중에는 상가 투자, 갭투자를 좋은 시기에 잘해서 저보다 훨씬 많은 자산을 축적한 경우도 꽤 있습니다. 저처럼 현금흐름과 시세차익을 같이 취하는 방식은 상승기 때는 소외받는 투자법입니다. 당시에는 왜 그렇게 비효율적으로 투자하느냐며 안타까운 시선을 받기도 했지만, 시장 상황이 바뀐 지금은 제가 하는 것처럼 현금흐름과 함께 투자하는 방식이 재평가받고 있습니다.

아파트를 예로 들면 내 돈 10%를 실투자금으로 하고, 낙찰가의 80%를 대출받고 임대보증금으로 10%를 회수합니다. 그다음에는 월세를 이자보다 높게 맞춥니다. 이렇게 세팅을 해두면 아무리 높은 레버리지를 활용해도 (임차인이 월세 연체하지 않는 한) 이자 걱정을 할 필요가 없습니다.

10년 전만 해도 이런 방법으로 투자하는 사람이 많지 않았습니다. 집을 사기 위해 대출을 끝까지 받아서 이자로 월 50만 원대가 나간다고 하면, 당시 소액투자자들은 이자가 너무 높다며 고개를 저었습니다.

하지만 저는 다르게 생각했습니다. 대출이자로 50만 원이 나가더라도 월세를 80만~90만 원씩 받으면 30~40만 원이 남습니다. 이때 실투자금이 3000만 원이라면 레버리지 수익률은 12% 정도가 됩니다. 수익률의 관점으로 접근해 보니 안 할 이유가 없는 투자라고 생각했습니다.

건물은 감가상각이 된다 하더라도 대지 지분이 있고, 지 금껏 땅값이 내려간 적은 없으니 단순하게 경매로 땅값만 주고 산다고 생각했습니다. 안전마진의 기준을 이렇게 정하 고 나니, 이후 투자는 기준에 맞는지 아닌지만 확인하면 되 는 것이었습니다. 방향이 정해지니 투자에 무섭게 파고들었 고, 그만큼 낙찰의 성과를 얻었습니다.

현재는 첫 달부터 원금과 이자를 함께 상환해야 하거나 원금을 빼고 이자만 상환하는 거치 기간이 1년 정도로 짧아 졌지만, 당시에는 거치가 3년까지 가능했습니다. 즉 3년 동 안 이자만 내면서 부동산을 보유할 수 있었습니다. 어차피 이자는 월세로 충당되니 적은 실투자금만으로도 임대 기간 동안은 소소한 월세 수익을 얻고, 2년 뒤에 매매로 차익을 남길 수 있었습니다. 또한 보유할수록 양도세율이 떨어지기 때문에 급하게 내놓을 필요도 없었습니다.

고금리 시기의 투자에 대해 많은 질문을 받습니다. 저는 애초에 월세에서 이자를 빼고도 남게끔 맞춰놓아서 괜찮습 니다. 하지만 불경기가 오면 월세를 받는 데만 초점을 맞춘 사람들은 이자가 올라서 위험하고, 갭투자로 시세차익만 노린 사람들은 안 팔려서 위험합니다.

투자를 꾸준히 하기 위해서는 현금흐름이 가장 중요합니다. 저는 수십 개의 부동산을 보유 중이지만 개수에는 관심이 없습니다. 100개면 뭐 합니까? 돌려줘야 할 보증금이 많다면 세금만 많이 내는 애물단지가 될 뿐입니다. 저의 투자 대상은 다양하지만 예나 지금이나 우선순위는 '현금흐름이 얼마나 발생하는가'입니다.

멘탈은
고정소득에서 나온다

투자 시장에서 오랫동안 살아남는 법

투자를 지속하는 데 필요한 것은 고정소득입니다. 적더라도 일정한 소득이 불확실성을 덜어줍니다. 운이 좋아 한두 번의 풀 레버리지 투자에 성공할 수는 있으나 이게 없으면 투자를 지속하기가 어렵습니다. 그러니 퇴근 후 아르바이트를 하든, 주말 근무를 하든, 맞벌이 배우자를 선택하든, 집에서 인형 눈을 붙이든 급여 외에 정기적으로 들어오는 소득이 필요합니다.

투자에 눈을 떼지 않으면서도 자신의 몸값과 고정소득을

함께 높여가야 합니다. 투자를 열심히 하는 것만으로 외부 변수에 대응하고 부를 향해 나아가는 것은 한계가 있습니다. 반드시 플러스 알파가 필요합니다.

기초 체력을 기르십시오. 위기에 닥쳐서가 아닌 평소에 좋은 책을 많이 읽고 매일 운동과 기록을 하세요. 어려울 때의 멘탈 유지는 당신의 기록 노트, 진심으로 돕는 지인들의 손길과 고정소득에서 나옵니다.

고정소득을
늘리는 게 먼저다

큰 틀에서 보면 돈을 버는 방법에는 네 가지 유형이 있습니다.

1. 자신의 시간을 파는 사람: 급여 생활자, 소상공인
2. 자신의 시간을 비싸게 파는 사람: 전문직 종사자
3. 타인의 시간을 파는 사람: 기업인
4. 기업과 자본을 활용해 이익을 얻는 사람: 투자자

현재의 삶이 만족스럽지 않다면 하나의 영역에만 속해 있을 필요는 없습니다. 어디에 속하든 자신이 진정으로 하고 싶은 일, 잘하는 일을 찾아내려는 시도는 찾을 때까지 계속되어야 합니다.

무엇보다 초보 투자자가 한 번 소액투자에 성공했다고 해서 절대 직장을 그만두면 안 됩니다. 고정소득이 있어야 투자를 더 잘할 수 있습니다. 역설적으로 투자를 할수록 고정소득을 늘려야 합니다. 요즘엔 직장인은 물론 전문직, 공무원, 학생 등 너 나 할 것 없이 부업에 뛰어들고 있습니다.

급여 외 100만 원을 더 버는 것은 투자에 있어 큰 힘을 발휘합니다. 연간 1200만 원의 고정소득 증가는 수천만 원 이상의 대출 한도를 늘리고, 이를 통해 한 단계 높은 부동산에 투자할 수 있기 때문입니다.

투자소득이 지금 받는 월급의 1.5배 내외로 정기적으로 들어오면 그때는 퇴사를 고민해도 좋습니다.

수익형 부동산, 아직 투자 기회는 있다

2023년 아직도 투자 기회는 있다

물론 지금처럼 고금리 시기에 지식산업센터를 비롯한 수익형 부동산은 예전만큼 수익률이 나오지 않습니다. 그렇다고 하더라도 서울 내 역세권 지식산업센터는 희소성이 있기 때문에 지금도 싸게 매입하면 매매차익을 볼 수 있습니다.

2020년 지하철 2·5호선 환승역인 영등포구청역 역세권에 위치한 자이 지식산업센터를 분양받고, 2023년 6월에 등기를 했습니다. 당시 주변에도 분양받으라고 권했지만 대부분 주저했습니다. 사실 분양은 2~3년 후 상황을 알 수 없기 때문에 리스크가 있습니다. 평당 1400만 원대로 분양을 받았지만 소규모 지식산업센터라서 생각보다 시세는 오르지 않았습니다.

30대 중반의 한 직장인은 저를 따라 당산 생각공장 지식산업센터를 약 10억 원(63평, 평당 1550 만원)에 분양받았습니다. 10%의 계약금마저 빌려야 할 만큼 돈이 없었고 90%나 대출을 받았으니 다소 무리를 한 셈입니다. 3년이 지난 현재 시세는 평당 2000만 원대로 450만 원 올랐으니 13억 원 선입니다. 감이 오시나요? 누구나 고금리와 공실 리스크를 두려워합니다. 하지만 투자는 입으로 하는 게 아니라 행동으로 하는 것입니다.

분양과 경매 투자는 다릅니다. 경매는 현재 기준으로 수익률이 나와야 매입할 수 있습니다. 만약 물가상승률이 5%라면 그 이상의 수익률이 나오는 부동산에 입찰하고 매입하는 식입니다. 경매는 입찰자가 매입가를 정할 수 있기에 가능한 일입니다. 그러나 분양은 보통 2~3년 후 건물이 완공됩니다. 미래의 시장 상황이나 전월세 수준이 어떨지 알 수 없는 상태에서 베팅하는 개념입니다.

이를 알면서도 제가 분양받고, 주변에도 권한 이유는 당시 비슷한 컨디션의 구축 지식산업센터도 평당 2500만 원 정도였기 때문입니다. 31평을 4억 7300만 원에 분양받았으니까요. 대형 브랜드 건설사에서 초역세권에 짓는데 평당 1500만 원이라면 투자하지 않을 이유가 없었습니다.

막 입주를 시작했을 때부터 중개소에서는 프리미엄을 받고 팔라고 전화가 왔습니다. 그런데 저는 팔지 않았습니다. 2024년 이후에는 건축비, 땅값이 더 올라갈 게 보이니까요. 앞으로 서울 역세권에 평당 1500만 원짜리 신축 지식산업센터 공급은 없을 거라 확신합니다. 이런 확신이 있을 때 투자자는 자신 있게 여러 채에 베팅할 수 있습니다.

한 번도 가보지 않은 길을 걸어야 한다

2023년 7월 현재까지는 미국 금리가 쉽게 내려갈 것 같지 않습니다. 오히려 미 연준에서 한 차례 금리를 올린다고 해도 한국은 따라 올리기 쉽지 않은 형국입니다. 한국은행이 한미 금리 차를 줄이기 위해 기준금리 인상을 하기에는 우리나라 경제 사정이 녹록지 않습니다. 이제 한미 간 금리 차는 역대 최대인 2%까지 벌어졌습니다. 이는 우리가 한 번도 가보지 않은 길입니다.

아직 바닥 경기가 살아나지 못하고 있고 대중국 수출도 어렵긴 마찬가지입니다. 만약 기준금리를 인상한다면 이자 상환 부담이 큰 중소기업, 자영업자, 저소득층은 패닉 상태에 빠질 수 있습니다. 여기에 대규모 부동산 프로젝트 파이낸싱(PF)의 부실과 새마을금고 등 제2금융권 연체율 상승 리스크도 예의 주시해야 할 변수입니다.

앞으로 금리가 더 올라간다는 시그널만 나와도 못 버티고 두 손을 들 투자자들이 많습니다. 투자는 심리입니다. 임계점을 넘어가면 속수무책으로 무너지고 맙니다. 한두 채 가지고 있는 사람은 씀씀이를 줄이면서 버틸 수 있겠지만, 많은 대출을 짊어진 채 5~10채씩 보유한 투자자의 물건은 경매로 끌려 나올 것입니다. 만약 수익형 부동산에 투자할 계획이라면 이런 시기를 놓치지 말아야 합니다.

2023년 하반기부터 2024년 1분기 사이 마지막 고금리 여파를 버티지 못하고 수도권에 있는 지식산업센터, 상가 등의 급매 처분이 늘어나고 경매 물건으로 많이 나올 듯합니다. 금리가 더 올라 대출이자가 월세보다 훨씬 더 높아지는 시기가 온다면 레버리지 비율이 높은 수익형 부동산 투자자는 버티기 힘듭니다. 그러니 못 버티고 던지는 매물이 나오는 겁니다.

수익형 부동산은 주거용 부동산에 비해 위험자산으로 분류되어 매수자 중심의 시장이 형성되면 그들의 관심을 끌기 위해 높은 수익률, 즉 낮은 매도가를 제시해야 합니다. 그러므로 고금리 시기에는 수익형 부동산을 매입할 기회가 온다고 말할 수 있습니다.

부동산 투자를 하면
채권 투자도 보인다

채권 투자에 관심을 가져야 하는 이유

2022년 이전이 돈이 흔한 시기(확장)였다면, 2023년 현재는 돈이 귀해지는 시기(긴축)입니다. 긴축, 즉 금리 상승기에는 이자 비용이 급격히 올라갈 수 있으므로 자산(실물) 투자만 고집하면 리스크가 따릅니다. 이때는 귀해진 돈(채권)으로 리스크를 줄이고 자산을 늘릴 수 있어야 합니다.

경기가 좋지 않을 때는 무조건 투자를 멈추고, 허리띠를 졸라매며 힘들게 살아야 할까요? 준비된 사람들은 외부 변수가 생기더라도 삶의 질과 생활 수준을 그대로 유지하거나 오히려 기회를 잡을 수 있습니다. 초과 수익을 올릴 기회는 위기에서 오기 때문입니다.

그리고 고금리 시기에 할 수 있는 투자도 있습니다. 바로 (대부)채권입니다. 실물과 채권으로 분산투자를 하면 리스크를 낮추고 안전한 투자를 할 수 있습니다. 돈이 귀해지는 시기인지 흔한 시기인지에 따라 상황에 맞는 유연한 투자를 할 수 있어야 한다는 뜻입니다.

월세 투자와 채권 투자를 비교하는 방법

상가, 오피스텔 임대로 연 6% 수익을 얻느냐, 아니면 채권 투자로 연 12% 수익을 얻느냐를 비교할 수도 있습니다. 여기에 추가로 나가는 비용과 세금 등은 고려해야 합니다. 상가는 보유 중에 대출이자와 관리비를 내야 하지만 채권 투자는 공실, 관리비, 세금, 건강보험료 리스크가 없거나 낮으니 비용 외에 리스크도 투자에서 고려할 사항입니다.

월세 보증금 5000만 원에 월 150만 원을 받고 있는 아파트가 있다면, 이를 전세 3억 5000만 원으로 전환해 채권에 투자할 수 있습니다. 전세금 3억 원을 세후 연 10%의 채권에 투자한다고 가정하면 월 250만 원을 안정적으로 받을 수 있습니다. 이는 실제 사례입니다. 아파트에서 월세를 받는 것과 무려 100만 원 차이가 나는데 자산 보유에 따른 재산세, 종부세, 건강보험료 상승분 등을 고려하면 차이는 더 벌어집니다.

물론 단점도 있습니다. 채권 투자만으로 부자가 되기는 어렵습니다. 자산 가격은 늘 부침이 있지만 장기적으로 보면 우상향합니다. 침체기도 있고 급등기도 있죠. 이 중 분명히 가격이 오르는 시기가 있을 텐데 이럴 때도 채권은 이득이 발생하지 않습니다. 남들은 가만히 있어도 통화량 증가에 따라 자산이 불어나는데 혼자 열심히 일을 해도 제자리일 수 있습니다.

하지만 채권 투자는 주로 돈이 귀한 시기에 이자 수입으로 안정적인 현금흐름을 만들 수 있습니다.

자본주의 사회에서 같은 돈으로 더 많은 수익을 올리는 것, 우리는 이것을 항상 생각하고 실행하고 교훈을 얻으며 앞으로 나아가야 합니다.

채권 투자를 할 때
꼭 확인해야 하는 것

무엇보다 채권 투자에서 필요한 것은 안전한 '담보물'입니다. 스스로 '담보물 평가'를 할 수 있어야 합니다. 상가, 오피스텔, 지식산업센터, 단독주택, 건물 등 다양한 부동산이 있지만 그중 아파트의 가치 평가가 가장 쉽습니다. 그러므로 초보 채권 투자자는 욕심 부리지 말고 가치 평가가 용이하고 환금성이 좋은 아파트를 그 대상으로 해야 합니다.

아무리 환금성이 좋아도 담보물이 낮은 가격에 낙찰되면 손실을 입습니다. 실제로 2019~2021년 상승기 때 한도를 크게 높여 대출해 준 대부회사나 금융회사들은 큰 어려움을 겪고 있습니다.

반대로 돈의 가치가 크게 떨어지는 시기에 대출자는 매달 이자를 잘 받았다고 하더라도 만기(원금을 돌려받는 시기)에 인플레이션의 위험에 처할 수 있습니다. 이럴 때 리스크를 방어하는 방법은 조달 비용을 레버리지를 통해 차입하는 것입니다.

고금리 시대의
포트폴리오를 준비하라

자산 밸런스를 맞춰
시장에 빠르게 대응하라

저는 다양한 투자법에 대한 경험이 있으므로 금리가 오르든 내리든 적합한 투자처를 찾아 수익을 낼 수 있습니다. 2022년부터 시장 금리가 급격히 오르며 이자 때문에 힘들어하는 투자자의 이야기를 많이 듣습니다. 하지만 저는 당시에도 평소와 다름없이 투자를 이어갔습니다. 그 이유는 채권 수입으로 리스크 헤지를 했기 때문입니다.

사업과 투자는 아무리 잘하고 조심해도 100% 안전할 수 없습니다. 언제 외부 충격을 받을지 모르니 평소에 밸런스를 맞춰야 한다고 보았습니다. 그래서 수년 전부터 실물 투자와 채권 투자를 함께하고 있습니다. 통화량이 늘어나고 금리가 낮아지면 실물자산 가격이 올라갑니다. 인플레이션 헤지를 위해서라도 집 한 채는 갖고 있어야 합니다.

반대로 금리가 오르거나 긴축 시기가 오면 돈이 귀해집니다. 이때는 무리하게 높은 금리로 대출받아 투자하기보다 '돈'으로 이자소득을 버는 게 낫습니다. 여기서 '돈'은 꼭 내 돈일 필요는 없습니다. 통장에 돈을 쌓아두고 있는 사람은 매우 드물 테니까요. 레버리지, 즉 은행을 가장 먼저, 그리고 적극적으로 활용해야 합니다.

회사채를 기준으로 BBB등급이면 채권 수익률이 6% 내외인데, 대부회사 채권은 최소 12%를 줍니다. 금리가 오르고 돈이 귀해지면 15~20%까지도 받을 수 있습니다. 즉 높아진 대출이자는 높아진 채권 수익으로 상쇄됩니다. 4%로 돈을 빌려 12%의 수익을 낸다면 아무것도 하지 않아도 8%의 이익을 얻습니다.

어떻게 이런 일이 가능하냐고요? 이는 저와 제 지인들이 오랫동안 해온 재테크입니다. 대출이자가 오르는 만큼 채권 수익이 늘어나기에 가능한 투자입니다.

채권이라고 하니 무작정 어렵게 느껴질 수 있습니다. 사실 조금만 공부하면 쉽습니다. 정기예금 1년 만기이자보다 높은데 리스크는 거의 없는 게 바로 채권 투자입니다. 이는 은행에 가서 가입하는 간접금융상품(보험)처럼 가입자한테 수익이 거의 돌아가지 않는 것이 아니고, 직접투자 방식입니다. 특히 채권 회수는 경매와 연결되어 있습니다.

적은 투자금으로도 분산투자를 해야 할까?

저도 주식, 비트코인 등 다양한 투자를 해보았습니다. 그 결과 채권과 실물자산이 제게 가장 적합하다는 것을 깨달았습니다. 시장 상황에 따라 실물자산과 채권의 밸런스를 맞춰왔습니다.

하지만 종잣돈이 적다면 실물과 채권으로 투자금을 나눠 포트폴리오를 구성하기는 어렵습니다. 일정 기간 실물 투자로 자산을 키운 후 투자 경력이 생겼을 때 채권 투자에도 도전해 보십시오. 처음엔 아파트 같은 환금성이 좋은 부동산 투자부터 시작하면서 감을 익히는 걸 추천합니다.

　채권으로 얻는 이자는 일정하게 반복적으로 발생하는 경상소득(current income)에 해당합니다. 채무자인 회사, 사람, 정부 등이 자금을 빌린 대가로 지급하는 이자가 채권자(채권 투자자)의 수입이 됩니다. 한번 정해진 이자율은 채권만기일까지 고정됩니다. 다만 시장금리, 돈을 빌리려는 수요와 공급, 정책 등에 따라 채권 가격이 변하고 그로 인해 수익률도 달라집니다. 월세형 부동산으로 발생하는 임대수익도 여기에 해당합니다. 경상소득은 다음 투자 공식에 부합합니다.

　투자 성과 = 시간 × 자본

　반면 부동산의 매매차익과 같이 비정기적으로 발생하는 자본소득(capital gain)도 있습니다. 시장 상황에 따라 둘 다 고려하되 자산을 매입할 때 목적을 명확히 해야 합니다. 차익도 얻고 월세도 안정적으로 나오는 부동산은 없습니다. 하나를 포기하고 하나를 확실하게 얻어야 합니다. 그래야 리스크가 낮아집니다.

다만 종잣돈이 적은 초보 투자자의 경우 차익형 부동산에 먼저 접근하시길 권합니다. 시간과 자본에 따라 투자 성과가 달라지는 수익형 부동산에 비해 비교적 빠르게 사이클을 돌릴 수 있기 때문입니다.

호황과 불황의 사이클은 반복됩니다. 경기 흐름은 개인이 어쩔 수 없지만, 언제 어느 상황이든 안전하게 세팅해 두는 일은 개인도 할 수 있습니다. 어떤 외부 충격이 닥쳐오든 미리 대비해 둔다면 두려울 게 없습니다. 어려운 시기도 결국 지나가기 마련입니다. 다만 누군가는 그것마저 기회로 삼는 반면, 누군가는 손 놓고 한탄만 합니다. 내가 어떤 사람이 될지는 나 자신의 선택에 달려 있습니다.

투자는 되도록 남에게 맡기지 마십시오. 확신이 없거나 조금이라도 이상하면 차라리 투자를 미루는 게 낫습니다. 조언자나 전문가를 의심하라는 게 아니라, 하면 할수록 자신의 실력이 늘어나는 투자를 해야 합니다. 그렇게 자신의 생각과 경험을 통해서만 경제적 자유에 다가설 수 있습니다.

가슴이 뛰는 길의 끝에
반드시 부가 있다

이십 대의 저는 평생 평균 이하의 삶을 살 거라고 생각했습니다. 하지만 부자가 되기로 결심했고, 위험을 회피하지 않기로 했습니다. 리스크 없이는 이익도 없기 때문입니다.

부자들이 뛰어난 성과를 올리는 이유는 간단합니다. 그들이 우리보다 주사위를 더 자주, 많이 던질 수 있는 조건을 갖추고 있기 때문입니다. 성공은 리스크를 얼마나 만만하게 바라보느냐에 달려 있는데, 그들은 리스크를 자주 겪는 만큼 그것의 힘을 잘 알고 있습니다. 누군가는 리스크라고 느끼는 것이 누군가에겐 즐거운 모험이 되는 이유입니다.

투자는 똑똑한 사람이 잘하는 게 아니라 더 많이 부딪치고 해결하려는 사람이 빨리 배우고 크게 성장합니다. 제가 잘한 게 있다면 이것을 이른 시기에 깨달았다는 겁니다. 아껴 쓰며 저축만 하다간 훗날 더욱 비참해질 거라 확신했습니다. 그러니 바로 실행에 옮길 수밖에 없었죠.

2013년에 저는 분명 이러한 사실을 절실히 느꼈던 것 같습니다. 그렇지 않고서야 돈이 없는데도 아파트 10채를 낙찰받는다고 여기저기 뛰어다녔을 리가 없습니다. 가난에 대한 고통과 부에 대한 절심함이 저를 행동하게 했습니다.

행동하려면 가슴이 뛰어야 하고 감정이 원해야 합니다. 처음에는 불안하고 불편한 마음이 들 수 있습니다. 저 역시 지금도 투자할 때 크고 작은 심리적 저항을 느낍니다. 투자를 오랫동안 많이 해왔지만 같은 패턴의 투자는 없기 때문입니다. 그래서 저항감은 익숙해질지언정 사라지지 않는다는 사실을 잘 압니다.

수천 명의 수강생에게 부동산 경매를 가르치며 느낀 점은 사람은 행동하는 것을 극도로 두려워한다는 사실입니다. 사실 투자 자체는 쉽습니다. 그래서 한두 번 정도 투자를 해보는 건 누구나 할 수 있습니다. 어느 때든 투자를 계속 이어나가는 게 어려운 일입니다. 항상 절실하고 가슴이 뛰는 게 아니기 때문이죠. 여기에 급변하는 정책, 금리 변동, 요동치는 심리, 조사 불발, 자금 융통의 어려움 등 투자를 포기하게 하는 수많은 변수가 언제든 생길 수 있습니다. 외부 변수에 대한 걱정과 자신의 안전망이 무너질지 모른다는 불안감이 더 이상의 투자를 가로막는 것입니다.

이러한 어려움에 굴하거나 피하지 말고 정면으로 마주하십시오. 역경을 통해 성장할 수 있다는 확신을 가지고, 도전을 즐기는 단계까지 나아가 보시길 바랍니다. 자극제로 활용한다면 고통조차 약이 될 수 있습니다.

이를 위해서는 먼저 지금의 상황을 받아들여야 합니다. 그리고 이 상황을 극복하겠다는 절실함을, 목표를 향해 움직이는 동력으로 바꿔야 합니다. 지금 행동하지 않으면 지금보다 더 심한 고통과 후회가 찾아올 것임을 느껴야 합니다. 그래야 행동할 수 있고 이를 유지할 수 있습니다. 이것이 바로 고통을 성장으로 활용하는 방법입니다.

물론 현실의 여러 장해물이 행동하려는 우리의 발목을 잡을 수 있습니다. 하지만 이조차도 꼭 필요한 과정입니다. 심리적이든 육체적이든 한 번쯤은 무척 힘들어야 합니다. 과정에서 겪는 크고 작은 실망과 실패마저도 발전을 위한 밑거름이 될 수 있습니다. 저 역시 그렇게 위험을 감수함으로써 제 운명을 스스로 선택할 힘을 얻었습니다. 실제로 제 투자 스킬 중 몇몇은 당시에 최악의 경험이라고 여겼던 것에서 만들어졌습니다.

우리가 원하는 것은 대부분 '안전지대' 밖에 있습니다. 익숙한 것에서 벗어나 낯선 세상으로 모험하는 것은 더 이상 선택의 문제가 아닙니다. 하지만 사람들은 행동하기 전에 목적지를 명확히 정하고 싶어 합니다. 어딘가에 투자하면 정말 돈을 벌 수 있는지 확인하고 싶어 하는 것도 같은 심리입니다. 도전으로 가득한 길은 결코 순탄하지도, 그 목적지가 명확하지도 않습니다.

처음 가는 길의 모든 것을 알고 갈 수 있을까요? 설령 자세한 지도가 있더라도 실제 길과 맞는지 비교하며 가야 합니다. 처음 가는 길이니까요. 확신을 가지기 위해서는 반드시 한 번 그 길을 가본 경험이 있어야 합니다. 그리고 처음이기 때문에 당연히 겪어야 할 위험이 따릅니다. 이를 배우고 극복하는 과정에서 우리는 비로소 돈을 비롯해 관계, 정신, 정서, 육체 등 모든 면에서 발전할 수 있습니다.

결과가 불확실한 상태가 위험한 게 아닙니다. 고민만 하며 이러지도 저러지도 못하고 멈춰 있는 게 가장 위험합니다. 멈춰 있으면 실수도 배움도 피드백도 아무것도 얻지 못하고 그저 시간만 흘려보낼 뿐입니다. 이 지점을 반드시 통과해야 합니다.

머리로만 생각하지 마세요. 고민만 하면서 시간을 보내기엔 인생이 그리 길지 않습니다. 원하는 삶과 부의 길로 바로 뛰어드십시오. 중요한 것은 내가 할 수 없을 거라 생각하는 바로 그 일을 해내는 것입니다. 멈추지만 않는다면 실패란 없다고 믿으십시오.

이 책의 마지막 페이지를 덮고 어제와는 다른 삶을 살겠다고 절실한 감정을 바탕으로 결단하십시오. 성공적인 삶의 비결은 그저 계속 실행하는 것에 있습니다. 당신의 위대한 도전에 멋진 여정이 함께할 것임을 확신합니다.

삶과 투자는 자전거를 타는 것과 같습니다.
균형을 잡으려면 끊임없이 움직여야 합니다.

아무도 가지 않은 길에 부가 있었다

초판 1쇄 발행 2023년 8월 16일
초반 2쇄 발행 2023년 8월 29일

지은이 정민우
펴낸이 김선식

경영총괄이사 김은영
콘텐츠사업2본부장 박현미
책임편집 김현아 **디자인** 마가림 **책임마케터** 박태준
콘텐츠사업5팀장 차혜린 **콘텐츠사업5팀** 마가림, 김현아, 남궁은, 최현지
편집관리팀 조세현, 백설희 **저작권팀** 한승빈, 이슬, 윤제희
마케팅본부장 권장규 **마케팅4팀** 박태준, 문서희
미디어홍보본부장 정명찬 **영상디자인파트** 송현석, 박장미, 김은지, 이소영
브랜드관리팀 안지혜, 오수미, 문윤정, 이예주 **지식교양팀** 이수인, 염아라, 김혜원, 석찬미, 백지은
크리에이티브팀 임유나, 박지수, 변승주, 김화정, 장세진 **뉴미디어팀** 김민정, 이지은, 홍수경, 서가을
재무관리팀 하미선, 윤이경, 김재경, 이보람
인사총무팀 강미숙, 김혜진, 지석배, 박예찬, 황종원
제작관리팀 이소현, 최완규, 이지우, 김소영, 김진경, 양지환
물류관리팀 김형기, 김선진, 한유현, 전태환, 전태연, 양문현, 최창우
외부스태프 이정임

펴낸곳 다산북스 **출판등록** 2005년 12월 23일 제313-2005-00277호
주소 경기도 파주시 회동길 490 다산북스 파주사옥
전화 02-704-1724 **팩스** 02-703-2219 **이메일** dasanbooks@dasanbooks.com
홈페이지 www.dasan.group **블로그** blog.naver.com/dasan_books
종이 신승지류 **인쇄·제본** 한영문화사 **코팅·후가공** 평창피엔지

ISBN 979-11-306-4527-8 (03320)